LIEBENSWERTE

BOURGOGNE

Text **Jean-François Bazin**

Fotos **Hervé Champollion**

Überzetzung **id2m**

Éditions **OUEST-FRANCE**

SEINE-ET-MARNE
77
45
LOIRET
10
AUBE
52
HAUTE-MARNE
HAUTE-SAÔNE
70
JURA
39
AIN
01
69
RHÔNE
42
LOIRE
03
ALLIER
18
CHER
0
50 km
YONNE
89
CÔTE-D'OR
21
NIEVRE
58
SAÔNE-ET-LOIRE
71
PARC DU MORVAN
MORVAN
SÉNONNAIS
PAYS D'OTHE
AUXERROIS
PUISAYE
NIVERNAIS
BAZOIS
SOLOGNE BOURBONNAISE
PLATEAU DE LANGRES
CÔTE D'OR
AUTUNOIS
BRESSE
MONTS DU CHAROLAIS
MONTS DU MÂCONNAIS
CHAROLAIS
Pont-sur-Yonne
Villeneuve-l'Archevêque
Chéroy
Sens
Villeneuve-sur-Yonne
Courtenay
St-Florentin
Joigny
Migennes
Charny
Tonnerre
Auxerre
Chablis
Ancy-le-Franc
Laignes
Châtillon-sur-Seine
Toucy
Nitry
Vermenton
St-Fargeau
Guédelon
Coulanges-sur-Yonne
Abbaye de Fontenay
Montbard
Alésia
Selongey
Is-sur-Tille
St-Seine-l'Abbaye
Semur-en-Auxois
Vézelay
Avallon
Clamecy
Vitteaux
Cosne-Cours-sur-Loire
Sancerre
Pouilly-sur-Loire
Varzy
Précy-sous-Thil
Sombernon
Dijon
Lormes
Saulieu
Pouilly-en-Auxois
Auxonne
Corbigny
Prémery
Nuits-St-Georges
La Charité-sur-Loire
Arnay-le-Duc
Château-Chinon
Beaune
Seurre
Nevers
Moulins-Engilbert
Haut-Folin
Autun
Pierre-de-Bresse
Imphy
Bibracte-Mont-Beuvray
St-Honoré-les-Bains
Le Creusot
Chalon-sur-Saône
St-Pierre-le-Moûtier
Decize
Fours
Luzy
Montchanin
Givry
Buxy
Sennecey-le-Grand
Louhans
Bourbon-Lancy
Montceau-les-Mines
Gueugnon
Tournus
Digoin
Charolles
Cuiseaux
Cluny
Paray-le-Monial
La Clayette
Mâcon
Marcigny
Chauffailles
602
720
857
901
Seine
Armançon
Yonne
Cure
Loing
Ognon
Saône
Doubs
Loire
Allier
Canal de Bourgogne
Canal du Nivernais
Canal latéral de la Loire
Canal de la Marne à la Saône
Canal du Centre
A 5
A 19
A 6
A 77
A 31
A 38
A 39
A 36
N 7
N 79
N 83
Präfektur der Region
Präfektur
Untrepräfektur

Eine zentral Region ohne Grenzen

Das Burgund, eine Art Bindeglied zwischen Nord- und Südfrankreich, war von Anbeginn eine wichtige Drehscheibe für den Handel und Austausch. Der Schriftsteller Jacques Lacarrière brachte es folgendermaßen auf den Punkt: „Der Burgunder ist nicht eine Person sondern Tausend Menschen in einem".

Trotz ihres 2015 vollzogenen Anschlusses an die Franche-Comté (Doubs, Jura, Haute-Saône und Territoire-de-Belfort) bewahrt die Bourgogne ihre unverkennbare Identität, Seele und natürlich ihre Hauptstadt: Dijon. Als Herzogtum, Provinz und Region überstand sie ohne größere Schäden die Jahrhunderte und Launen der Zeit. Ihre vier Départements Côte-d'Or, Nièvre, Saône-et-Loire und Yonne reihen sich um den bezaubernden Naturpark und das gleichnamige Bergmassiv Morvan.

Mit 31.582 km² zählt sie zu den größten Regionen Frankreichs und Europas, die flächenmäßig Belgien übertrifft. Doch ist sie mit ihren 1.630.000 Einwohnern ausgesprochen dünn besiedelt. Abgesehen vom Fluss Saône, der einst das König- vom Kaiserreich trennte, besitzt sie keine natürlichen Grenzen.

Der Ursprung ihres Namens bedarf einiger weit ausholender Erklärungen.

Der Mensch und die Natur scheinen sich hier unbeschwert zu entfalten. Wie ein Magnet zieht dieses Gebiet, in dem Geschichte und Geografie einander bedingen, seit Urzeiten Menschen an, die hier sesshaft werden. Nebenbei sei erwähnt, dass das Autobahn- und Schienennetz der Bourgogne dem Lauf der ehemaligen Römerstraßen und keltischen Wege folgt. Wollte man die Klimatheorie belegen, gäbe die Bourgogne sicherlich den besten Beweis her. Denn weit ab des rüden Gebirgsklimas und der abenteuerlichen See fand der Burgunder in diesem von Erdbeben und Vulkanausbrüchen verschonten Landstrich die ersehnenswerte Ruhe und Harmonie.

Mergel, Kalkstein, Sandstein und Granit liefern ideale Baustoffe. Zahlreiche Flüsse durchziehen das Land auf ihrem Weg in den Atlantik, den Ärmelkanal und ins Mittelmeer. Die Dächer sind mit Lava, Schiefer, flachen und gewölbten Ziegeln bedeckt. Darüber hinaus sorgt das facettenreiche Landschaftsbild immer wieder für abwechslungsreiche Blickfänge. Ungeachtet dieser vielen Kontraste ist eine regionalspezifische Einheit in der Wesensart der Leute zu finden. So wird die Bourgogne gerne mit köstlichem Wein und geselligen Tafelfreuden und der Burgunder mit einem Glas in der Hand und ein Trinklied auf den Lippen in Verbindung gebracht. Auch wenn das oberflächliche Bild vom heiteren Tischgesellen oftmals zutreffen mag, besitzt der Burgunder viele verborgene Wesenszüge, die dem aufmerksamen Besucher gewiss nicht entgehen werden.

Die Bourgogne ist nicht nur für ihre Gastfreundschaft sondern auch für ihr universelles Gedankengut bekannt. Die heutigen Orte Solutré-Pouilly und Chassey-le-Camp

Linke Seite
Der Felsen von Vergisson, eine Art Doppelgänger des Kalksteinfelsens Solutré im Landkreis Mâconnais. Der legendäre Vogel Peute soll hier genistet haben.

Rechts
Detailansicht des Portals der romanischen Kirche Saint-Julien-de-Jonzy im Brionnais: Engel mit ausgebreiteten Flügeln.

galten als die fortschrittlichsten Zivilisationen der Vorgeschichte. Wie sonst ist zu erklären, dass vor etwa 2.500 Jahren die *Dame aus Vix* (im Landstrich von Châtillon-sur-Seine) neben der schönsten und größten aller antiken griechischen Bronzevasen bestattet wurde? Welch reger Handel herrschte bereits längs der Eisenstraße, die von den britischen Inseln bis hinunter ans Mittelmeer führte! Auf Cluny und Cîteaux folgten zu Beginn des 2. Jahrtausends unzählige weitere Ordens- und Klostergründungen, die die gesamte Christenheit erfasste. Noch heute lebt das geistige und künstlerische Vermächtnis der romanischen Welt in der Bourgogne fort. An der Schwelle zwischen Mittelalter und Renaissance vereinten die „Großherzöge des Abendlandes" im Orden vom Goldenen Vlies verschiedene Länder, Sprachen und Kulturen von der Charolais-Region bis an die Nordsee und Zentraleuropa. Im 14. und 15. Jh. galt das Burgund als Zentrum der europäischen Kunst.

Die Burgunder

Im ausgehenden 5. Jh. lässt sich das von der dänischen Insel Bornholm stammende Burgundenvolk hier nieder, nachdem es mehrere Jahrhunderte hindurch zwischen Ungarn und Rhein umhergereist war. Nimmt nicht auch das mitteldeutsche Heldenepos *Die Nibelungen* im Land der Burgunden seinen Anfang? Nach ihrer Vertreibung durch die Hunnen lassen sich die Burgunden in Savoyen nieder und siedeln sich an der Saône und der Rhône an. Dieses keineswegs barbarische aber zivilisatorische burgundische Königreich erstreckte sich vom Langres-Plateau bis zur Provence. Es war jedoch von kurzer Dauer, da es bereits 534 dem Fränkischen Reich einverleibt wurde. Somit verdankt das Burgund seinen heutigen Namen diesem nordischen Volk. ■

Kluge Köpfe

Die Entfaltung des Burgunds nimmt ihren Fortlauf, auch als nach dem Tod Karls des Kühnen die Bourgogne wieder vollständig an Frankreich übergeht (1477). Unzählige Kinder der Bourgogne schrieben Geschichte: die Hl. Johanna Franziska von Chantal, Rameau, die Marquise de Sévigné, Bossuet, Buffon, Vauban, Saint-Just, Monge, Carnot, Greuze, Lamartine, Larousse, Eiffel, Colette, Romain Rolland, Vuillard, Niépce, der Erfinder der Fotografie, Marey, einer der Begründer der modernen Kinematografie, sowie Adolphe und Eugène Schneider, die aus Le Creusot eines der weltweit größten Zentren der Stahl- und Schwerindustrie machten.
Man begegnet Bossuet in Seurre, Buffon in Montbard, Vauban in Bazoches, Saint-Léger-Vauban und Niépce in Chalon-sur-Saône und Saint-Loup-de-Varennes, Marey in Beaune, Colette in Puisaye… und vielen weiteren Talenten an anderen burgundischen Orten der Inspiration! ■

Ein landschaftliches Mosaik

Linke Seite
Das „gelbe Schloss“ von Aloxe-Corton: charakteristisch für die im 19. Jh. aufkommende Mode der bunten Ziegeldächer.

Unten
Atemberaubender Ausblick vom Signal d’Uchon (Saône-et-Loire) auf die Felsformationen Carnaval und die weite Ebene.

Die Bourgogne ist ein buntes Mosaik aus abwechslungsreichen Landstrichen, in dem jeder einzelne kleine Naturraum seine besonderen Merkmale besitzt. Die vielfältige Nutzung des Agrarlands und der Bodenschätze sowie die traditionelle Bauweise erklären die immense Diversität dieser Region, die in Romanen, Dichtungen und Gemälden Anerkennung findet. Zwischen Morvan-Massiv und Langres-Plateau bildet die Bourgogne die ewige Passage zwischen Seine und Saône, den Vogesen und der Loire.

Das Département Yonne

Im Norden des Départements liegt um Sens und Joigny das Sénonais-Gebiet, das seinen Namen dem gallischen Stamm der Senonen verdankt, die 390 v. Chr. Rom einnahmen. Eingekeilt zwischen den Regionen Ile-de-France und Champagne erstreckt es sich zu beiden Seiten des gleichnamigen Flusses. Auf der einen Seite liegt das burgundische Gâtinais mit seinen weitläufigen Getreideanbauflächen. Auf der anderen, der Champagne zugewandten Seite dehnt sich das Othe-Gebiet aus, eine von Bodensenken durchzogene Hochebene von tonhaltiger Erde mit Felsmassiv, dichten Wäldern und Apfelbaumplantagen für die Cidre-Herstellung. Je weiter es in „Richtung Paris“ geht, desto mehr Backstein tritt an den Häuserfassaden hervor.

Weiter flussaufwärts liegt der Landstrich um Auxerre, wo der Fluss Yonne schiffbar wird. Zu beiden Seiten des Flusses zeichnen sich Hügel aus hellem Gestein ab. Hier sind die ersten Weinstöcke der Bourgogne zu sehen, die sich mit Kirschbaumplantagen abwechseln. Weiter südlich in Richtung Loire-Tal erstreckt sich der Landstrich Puisaye, der bis ins Département Nièvre reicht. Dieses sand- und tonhaltige Gebiet mit schönen Weihern und Wäldern bildet mit seinen von Hecken eingezäunten Feldern eine entzückende Bocage-Landschaft, in der die üppige Vegetation geschickt die Distanz zwischen den abgeschiedenen Häusern und Höfen überbrückt. Im Landstrich Puisaye, der wie von Zauberhand

Oben

Blick von Montréal (Yonne) auf das Flachland Terre-Pleine.

Unten

Die Weinberge des Chablisien in Fleys.

geschaffen scheint, wuchs die Schriftstellerin Colette heran. Ihre einfühlsamen Beschreibungen verdeutlichen den Zauber, der von diesem Naturraum ausgeht: „Und solltest du eines Sommertages in mein Land kommen und hinten in einem mir wohl bekannten, üppig grünen, blumenlosen Garten einen Blick auf die bläulich schimmernde Gebirgskuppe in der Ferne werfen, wo das Gestein, die Schmetterlinge und Disteln zu einem azurblauen, malvenfarbenen, staubigen Ganzen verschmelzen, wirst du mich vergessen…“. Bis heute werden im Puisaye-Gebiet nach alter Tradition Töpferwaren und Naturpigmente hergestellt. Noch weiter südlich erreicht man das Umland von Avallon, das Zugang zum beeindruckenden Morvan-Massiv bietet, sowie die Gemeinde Vézelay, die Paul Claudel als „Boot“ beschrieb, „das seinen Anker auf den Horizont ausgeworfen hat“.

Verlässt man in Richtung Süden längs der Grenze zur Champagne die Hochebene Othe, durch die neuerdings die Autobahn A5 führt, betritt man das Weinbaugebiet des berühmten Chablis mit seinen malerischen Weinbergen, die sich zu beiden Seiten des Flüsschens Serein erstrecken. Auch hier herrscht heller Stein vor. Auf das Langres-Plateau folgt das Umland von Tonnerre mit seinen kargen Kalkstein-Hochebenen, die erfreulicherweise für den Weinanbau wiederentdeckt wurden.

Oben

Hirsche am Waldrand.

Foto R. Charpentier

Unten

Das malerische Tal des Flüsschen Cousin bei Moulin-Cadoux.

Unten
Unweit von Châteauneuf in der Auxois-Region.

Das Département Côte-d'Or

Längs des Départements Champagne erstreckt sich der Landkreis von Châtillon-sur-Seine. Neben Wein wird hier auf dem weitläufigen Hochland Raps angebaut, der sich wie ein riesiger leuchtend gelber Teppich vor dem Auge des Betrachters ausbreitet. Abgerundet wird das Landschaftsbild durch endlose Wälder. In östlicher Richtung erreicht man den entzückenden Landstrich Vingeanne, durch den sich der malerische Fluss Saône schlängelt. Dieser aus dem Département Haute-Marne stammende Wasserlauf betritt in Richtung Haute-Saône und Jura das Département Franche-Comté. Im Nordosten von Dijon bilden Tille, Ignon und Venelle das Land der drei Flüsse. Hier nimmt die Seine ihren Anfang und kann die erste Brücke von Paris bestaunt werden. In der Tat ging im 19. Jh. das Quellgebiet der Seine in den Besitz der Stadt Paris über. Nur 471 m über dem Meeresspiegel liegt die Quelle, die einen über 700 km langen Fluss speist!

Weiter westlich befindet sich der Landkreis Auxois. Dieser ehemalige Getreidespeicher ist heute ein sattgrünes, hügeliges und von Hainen durchzogenes Weideland, von dem sich grasende Charolais-Rinder wie weiße Tupfer abheben. Daran an grenzt der Landstrich von Montbard. Hier fanden auf den hohen Felsvorsprüngen aus Kalkstein historische Festungsstädte den nötigen Schutz: Alésia, Semur-en-Auxois, Thil, Chateauneuf und Flavigny. In Richtung Hautes-Côtes und Dijon weiter südlich erreicht man den Höhenzug Côte d'Or. Diese Region und Heimat des Romanciers Henri Vincenot (*La*

Billebaude, *Le Pape des escargots*) ist bekannt für ihre Wälder und gut bestückten Hochwildreviere sowie das malerische Ouche-Tal, das zahlreiche Hobbymaler inspiriert.

Zwischen den Kalkstein-Hochebenen und der Saône-Ebene liegt die Stadt Dijon, deren Ballungsraum sich in den letzten 200 Jahren stark ausdehnte. Auf Anregung des zum Parlamentsabgeordneten und Bürgermeister von Dijon avancierten Domherrn Félix Kir erhielt die Stadt an der Mündung des Flusses Ouche einen künstlichen See. Dieses Projekt beeinträchtigte erheblich die städtebauliche Entwicklung im Westen und Norden (Park und Handelszentrum Toison d'Or), während die Urbanisierung Dijons im Osten (Quetigny, Chevigny-Saint-Sauveur, Les Tilles) kein Ende zu nehmen scheint.

Weiter östlich bei Auxonne ziehen sich das Saône-Tal und das zum Gemüseanbau und vornehmlich zum Anbau von Zwiebeln genutzte Flachland hinunter bis zur Stadt Mâcon im Département Saône-et-Loire. Auf seinem Weg in den Süden schwillt der Fluss Saône stetig an und überschwemmt die Weiden und Wiesen. Das Hochwasser dieses scheinbar ruhig dahin fließenden Gewässers kann bis zu 8 m betragen. Bei Lyon mündet die Saône in die Rhône, die als reißendes Gewässer ihren Weg fortsetzt.

Südlich von Dijon nimmt die berühmte Burgunder-Weinstraße oder „Champs-Ely-

Oben

Landstrich bei Bruant im Weinbaugebiet Hautes-Côtes de Nuits.

Unten

Pernand-Vergelesses, wo Jacques Copeau (Mitbegründer der Literaturzeitschrift La Nouvelle Revue Française und Gründer des Pariser Theaters Le Vieux-Colombier) in den 1920er und 1930er Jahren seine Copiaus (Schauspieler) versammelte.

Oben
Das Erosionstal Combe à la Vieille im Weinbaugebiet Hautes-Côtes de Beaune bei Bouilland.

Unten
Zahlreiche Kanäle durchziehen das Burgund und bieten Flusstouristen eine originelle Art, die malerischen Dörfer zu erkunden.

sées der Bourgogne“ ihren Anfang. Gemeint ist die Weinbergkette Côte d'Or, die sich über Beaune hinaus bis nach Santenay erstreckt. „Ein recht ausgedörrter und hässlicher Gebirgsstock“, wie Stendhal bemerkt, um jedoch gerechterweise hinzuzufügen: „Aber sind geistreiche Personen niemals hässlich?“ Wie eine mit Rubinen und Diamanten besetzte Kette zieht sich das schmale Band der für ihre mundigen Rot- und Weißweine weltweit bekannten Weinstöcke und Orte dahin: Chambertin, Clos de Tart, Clos des Lambrays, Musigny, Clos de Vougeot, Romanée-Conti, Romanée, La Tâche, Grands Echézeaux, Corton, Corton-Charlemagne, Beaune, Savigny, Pommard, Volnay, Meursault, Montrachet, Santenay… In dieser Winzerhochburg tauchen unverhofft hier und da Steinbrüche auf, aus welchen unzählige Pariser Bauwerke und sogar die Louvre-Pyramide ihren begehrten Baustoff bezogen: den Kalkstein von Comblanchien, der sich vor 150 Mio. Jahren aus den Korallen, Algen und Muscheln eines nicht sehr tiefen, warmen Meeres gebildet hat. Insbesondere im Herbst, wenn die Weinbergkette Côte d'Or (dt. Goldhang) in bunten Farben schillert, leuchtet dem Besucher ein, warum das nach der Französischen Revolution entstandene Département gleichfalls diesen Namen erhielt.

Hinauf zum beeindruckenden Plateau Hautes-Côtes zwischen Côte d'Or und Ouche-Niederung führen tief eingeschnittene Schluchten, die den Erosionstälern des Jura-Gebirges ähneln. In diesem bezaubernden, scheinbar verlassenen Landstrich wechseln sich Weinstöcke, Johannisbeer- und Himbeersträucher sowie kleinere Waldgebiete einander ab. „Hier ist der Himmel so nah, dass man sich nicht daheim fühlt", schrieb der Historiker Gaston Roupnel - zu unrecht. Die Weinberge Hautes-Côtes de Nuits und Hautes-Côtes de Beaune besitzen ihre besonderen Merkmale.

Vom Hautes-Côtes-Plateau sind im Osten das Jura-Gebirge und bei gutem Wetter sogar die Alpen und der Mont Blanc zu sehen. Das Saône-Tal versorgt die umliegenden Dörfer mit Ton und Lehm. Oftmals werden diese Orte von schönen alten Eichenwäldern wie beispielsweise dem Cîteaux-Waldmassiv gesäumt.

Das Département Saône-et-Loire

Zwischen dem Fluss Saône und dem Jura-Vorgebirge Revermont erstreckt sich die Region Bresse, eine Bocage-Landschaft, die vormals komplett der Bourgogne angehörte und in den Revolutionsjahren wie ein Hähnchen zerlegt wurde: Ein Flügel fiel dem Jura der Franche-Comté und eine Hälfte dem Département Ain der Region Rhône-Alpes zu. Das tonhaltige Flachland wird von einem ausgesprochen dichten Netz aus Weihern und Wasserläufen durchzogen. Nicht selten sieht man längs der niedrigen Backsteinhäuser und vereinzelten Stampfbauten Hühner und Gänse im Gras nach Würmern suchen. Manche Bauernhöfe besitzen ein Vordach zum Trocknen von Mais und einen sarazenischen Schornstein. Den „Eingang" zu diesem entzückenden Landstrich, der sich von allen anderen burgindischen Regionen unterscheidet, zieren die sehenswerten Orte Saint-Jean-de-Losne, Seurre (Côte-d'Or),

Oben

Blaue Füße, weiße Federn, roter Kamm: Das auf den sattgrünen Wiesen des Burgunds gezüchtete schmackhafte Bresse-Huhn zeigt sich in den Nationalfarben Frankreichs.

Oben
Die Weinstöcke von Pouilly-Fuissé am Fuße des Felszipfels Solutré. Darunter vergraben liegen 30.000 Jahre archäologische Geschichte.
Unten
Im Naturpark Morvan unweit von Saint-Léger-des-Bois.

Verdun-sur-le-Doubs, Pierre-de-Bresse und Louhans.

Eine Art Ausläufer von Côte d'Or und Hautes-Côtes de Beaune sind die Weinberge von Chalon, die sich längs des Flusses Saône von Chalon-sur-Saône bis Tournus und etwa 40 km „landeinwärts" des Départements erstrecken, sowie die Weingebiete Maranges und Couchois. Die Weinberge folgen nun nicht mehr dem geradlinigen Verlauf der Côte, sondern breiten sich ungehindert im Umland der Flüsse Dheune und Cosanne in einem Gewimmel aus Bergen und Hängen aus.

In Richtung Beaujolais- und Lyonnais-Anbaugebiet erreicht man über Chalon-sur-Saône flussabwärts die Stadt Tournus, wo die Dachziegeln runder werden und zartere Farben und milderes Klima eine südfranzösische Atmosphäre verbreiten. Noch weiter südlich jenseits der europäischen Wasserscheide liegt die von Weinstöcken eingekesselte Stadt Mâcon, in der der Dichter, Schriftsteller und Politiker Lamartine zur Welt kam. Seinen Gedichten ist eine tiefe Heimatverbundenheit (Mâcon, Milly, Monceau, Saint-Point) zu entnehmen: „Sur le seuil désuni de trois marches de pierre, le hasard a planté les racines d'un lierre…" Bereits hier zeichnet sich die Beaujolais-Region ab, von der ein Landkreis dem Burgund angehört: Moulin-à-Vent, Fleurie,

Saint-Amour… Etwas Nichtwahrnehmbares erfüllt den Himmel, das Licht und die Natur. Die von den Jura-Kalksteinformationen zurückgelassenen Felszipfel Brancion, Solutré und Vergisson scheinen den federleicht wirkenden Landstrich davon abhalten zu wollen davonzufliegen. Die traditionellen Landhäuser werden durch einen neuen Stil bereichert: Häuser mit überdeckten Gängen. Auch die Sprache ändert sich. Aus „Cuverie“ (für Fasskeller) im Département Côte-d’Or wird „Tinailler“ in Mâcon bzw. „Cuvage“ in der Beaujolais-Region.

In Richtung Westen gelangt man über das Tal Val Lamartinien zum Landstrich von Cluny sowie ins Charolais- und Brionnais-Gebiet. Hier wetteifern schöne romanische Dorfkirchen um die Gunst der Besucher. Zu Ostern sind auf den sattgrünen Weiden Kälber auf streichholzdünnen Beinen zu sehen, unter welchen sich der ein oder andere Anwärter auf eine Goldmedaillen-Auszeichnung anlässlich der nächsten Pariser Landwirtschaftsmesse befinden mag. Es folgen das Bergwerk-Gebiet um Blanzy und die im

Oben

Das Charolais-Gebiet bei La Clayette.

Unten

Das ländliche Brionnais bei Semur-en-Brionnais.

Das Nationalgestüt von Cluny (Saône-et-Loire)

Das im Jahre 1806 gegründete Nationalgestüt von Cluny (Saône-et-Loire) befindet sich auf den Ländereien der ehemaligen Klosteranlage. Ganzjährig zu begutachten sind Vollblüter, französische Reitpferde, Araber, Anglo-Araber, französische Traber, Ponys und Zugpferde (insbesondere aus der Auxois-Region und Franche-Comté) sowie zwischen Juli und Februar namhafte Deckhengste. Zum Staraufgebot des Gestüts gehören Bellino II. (dreimaliger Sieger des Trabrennens Prix d'Amérique) und Quart de Vin (Vater von Uccello II.). Vorführungen von Gespannen runden das Programm ab. ■

19. Jh. entstandene Industriestadt Le Creusot. Über die Autunois-Region ist der Naturpark Morvan und der nahegelegene Mont Beuvray zu erreichen, wo sich die Hauptstadt der Kelten und Gallier (Bibracte) befindet. In den riesigen Halden bei Autun lagern die Abfallprodukte des einst zur Leuchtgas-Gewinnung verarbeiteten Ölschiefers. Aus dieser Gegend stammt auch das erste identifizierte Uranerz.

Ganz oben
In der Autunois-Region unweit von Marmagne.
Oben
Die Hecken sind charakteristisch für das ländliche Burgund, das sich der Zucht der berühmten Charolais-Rinder widmet.

Das Département Nièvre

Mit Ausnahme der zum Getreideanbau genutzten Donzy-Hochebene und der flachen und sandhaltigen Region Sologne bourbonnaise fällt das Nivernais-Gebiet vom Morvan bis zur Loire leicht ab und umfasst das Umland von Châtillon-en-Bazois, die ersten Hügel des nahegelegenen Bourbonnais sowie die Weinstöcke von Pouilly-sur-Loire und Sancerre des Loire-Weinbaugebiets. Ein schönes Hochwaldmassiv, das Colbert unter König Ludwig XIV. für den Schiffsbau anlegen ließ, überzieht das Wald- und Feuchtgebiet Les Amognes und La Bertrange. Die Futterweiden, auf welchen die jungen Charolais-Rinder gemästet werden, erklären ohne Zweifel die vielen Anhänger dieses köstlichen Rindfleischs in und um Nevers und Magny-Cours – zwei bekannte Orte, in welchen regelmäßig Autorennen veranstaltet werden.

Besondere Beachtung verdienen der malerische Landstrich Les Vaux d'Yonne (bei Clamecy unweit des Puisaye-Gebiets), der im Roman *Mein Onkel Benjamin* von Claude Tillier und in *Colas Breugnon* von Romain Rolland ausführlich beschrieben wird, die reetgedeckten Häuser des Morvan, die großen landwirtschaftlichen Betriebe um Bazois sowie das Zuchtgestüt im Süden des Départements, das Auteuil mit den besten Hürdenrennpferden beliefert. All diese den Regionen Bourbonnais und Berry zugewandten Landstriche der Bourgogne längs der Loire, die an Zentralfrankreich angrenzen, verewigte der Schriftsteller Maurice Genevoix in seinem Werk *La boîte à pêche*.

Oben
Im Umland von Château-Chinon (Nièvre).

Unten
Durch das Burgund schlängeln sich etliche Wasserläufe, in welchen sich Bachforellen tummeln. Der Beginn der Angelsaison ist Jahr für Jahr ein großes Ereignis.

Oben und unten

Heute werden die Kanäle, auf welchen früher Lastkähne Getreide und Kohle transportieren, von Flusstouristen auf Hausbooten und Hotelkähnen in Beschlag genommen. Oben der Nivernais-Kanal, unten der Canal de Bourgogne.

Idyllische Wasserstraßen

Die Bourgogne wird von vielen Kanälen durchzogen, die einst als wichtige Transport- und Handelsstraßen dienten, heute überwiegend von Hausbooten in Beschlag genommen werden. Diese ruhig dahin fließenden Gewässer lassen den Flusstouristen auf seiner gemächlichen Reise von einer zur nächsten Schleuse die Hektik des Alltags vergessen. Eilige Reisende sollten mit den Flüssen Saône und Yonne Vorlieb nehmen.

Im 18. Jh. und insbesondere im 19. Jh. entstand der über Dijon führende 242 km lange *Canal de Bourgogne*, der die Flüsse Yonne (Laroche-Migennes) und Saône (Saint-Jean-de-Losne) miteinander verbindet. Im frühen 20. Jh. wurde der Marne-Saône-Kanal erbaut, der zwischen Langres

und Pontailler-sur-Saône eine Strecke von 75 km zurücklegt. Pierre Granier-Deferre drehte an der Schleuse und Kanalbrücke von Cheuge (Côte-d'Or) seinen Film *Der Sträfling und die Witwe* mit Simone Signoret und Alain Delon. Ausgesprochen sehenswert ist die zur Verbindung zweier Flussbecken (Loire und Seine) erbaute siebenstufige Schleusentreppe bei Rogny (Yonne) am Briare-Kanal (1642), die einen Niveauunterschied von 25 m überwindet. Hierbei handelt es sich um die erste Kanalstrecke auf der Wasserscheide. Aus dem späten 18. Jh. stammt der *Canal du Centre* in der Charolais-Region. Der *Canal du Nivernais*, der die Flüsse Yonne (Auxerre) und Loire (Decize) miteinander verbindet, wurde im Jahre 1842 fertiggestellt. Erwähnung findet dieser Ingenieurbau in *Sans Famille* von Hector Malot sowie in *La Belle Nivernaise* von Alphonse Daudet.

Die Planungen für einen Neubau des von Saint-Symphorien-sur-la-Saône bis zum Elsass führenden Rhein-Rhone-Kanals wurden 1997 eingestellt.

Oben und unten

Unter Fahrradfahrern und Inline-Skatern sehr beliebt sind die im Département Saône-et-Loire eingeführten „grünen Routen", die oftmals die Kanäle säumen.

Oben und unten
Idyllische Abendrot-Atmosphäre im Naturpark Morvan.

Der regionale Naturpark Morvan

Die vier burgundischen Départements schmiegen sich um einen Kern: das Bergmassiv Morvan oder „schwarze Gebirge“ der Kelten. Obwohl eine klare Abgrenzung unmöglich scheint, wird dem Morvan eine Fläche von 175.000 ha zuerkannt. Die Orte Avallon, Saulieu, Autun, Luzy und Corbigny bezeichnen sich allesamt als „Eingangstor“ zum Bergmassiv. Es erstreckt sich über 80 km von Nord nach Süd von Avallon (Yonne) bis Luzy (Nièvre) und über 40 km von Ost nach West von Montreuillon (einem kleinen Dorf im Département Nièvre, das sich rühmen kann, dem Euro einen Platz und ein Denkmal gewidmet zu haben) bis Liernais (Côte-d'Or). Der 1970 zum regionalen Naturpark erklärte Morvan erreicht auf seinen Gipfeln Le Haut-Folin und Boisdu-Roi 902 m. Das seit Millionen Jahren der Erosion ausgesetzte, stark zerfurchte Granitmassiv ist zu 60 % mit Wald, überwiegend mit Nadelbäumen bedeckt. Mehrere Flüsse schlängeln sich durch seine tief eingeschnittenen Täler. Vom Dach dieses massigen Gebirgsstocks läuft an allen vier Flanken das Wasser ab. Den bewohnten Teil bildet eine von Hecken eingezäunte Bocage-Landschaft. Passend zum Himmel wurden die Häuser des Morvan mit grau-blauem Schiefer bedeckt.

Lange Zeit richteten die Bewohner des Morvan ihre Tätigkeiten auf Paris aus. So belieferten sie die Hauptstadt mit Brennholz, das sie in Flößen zusammengebunden über die Flüsse transportierten. Bauern verdingten sich mit ihren Ochsen als Treidler, Rinderzüchter zogen mit ihrem Vieh auf die Pariser Märkte und junge Mütter suchten als Ammen in Pariser bürgerlichen Kreisen eine Anstellung. Heute gilt der urwüchsige Naturpark als beliebtes Erholungsgebiet, dessen Besucher Gefallen an den alt überlieferten Bräuchen und Traditionen finden. Auch inspirierte der Morvan zahlreiche Maler von Corot bis Balthus, der hier lebte und lange Zeit im Schloss von Chassy unweit von Château-Chinon arbeitete.

Anost (Nièvre)

Dieses hoch gelegene kleine Dorf („Ano“ ausgesprochen) zählt zu den idyllischsten Dörfern des Morvan, das die alten Traditionen und die Volksmusik in Ehren hält (Drehleierfest im Sommer).

Oben

Über den Fluss brachten einst Flößer Brennholz vom Morvan bis nach Paris. Ein abenteuerliches und durchaus verfilmungswürdiges Unterfangen.

Unten

Im Haut-Morvan unweit von Arleuf.

Oben

Saint-Père-sous-Vézelay.

Unten

Landschaftsbilder des Morvan: Saint-Léger-des-Bois und rechts der See Les Settons.

Château-Chinon (Nièvre)

Eine kleine Stadt mit großem Namen, denn ihr Bürgermeister war kein anderer als François Mitterrand, der zweimal (1981, 1988) zum Präsidenten Frankreichs gewählt wurde. Die Besichtigung des Rathauses Le Vieux Morvan scheint hier unumgänglich. Neben einem Trachtenmuseum sind in einem Museum diverse Objekte und Auszeichnungen des Staatschefs ausgestellt, die François Mitterrand von einer anderen Seite zeigen.

Die Seen

Alle Seen wurden vor nicht allzu langer Zeit künstlich angelegt, um die Wasserstraßen nach Paris zu regulieren oder die angrenzenden Dörfer mit Trinkwasser zu versorgen. In wunderschöner Lage laden sie zum Wassersport, Camping-Urlaub oder Picknick-Ausflug: Les Settons (1858, 405 ha) bei Montsauche und Moux, Le Crescent (1933, 165 ha) bei Marigny-l'Eglise und Chastellux-sur-Cure, Chaumeçon (1935, 135 ha) unweit von Lormes, Pannecière (1950, 520 ha) im Norden von Château-Chinon,

Rechts
Die Statue des Marschalls Vauban in Saint-Léger-Vauban (Yonne).
Rechts unten
Das Maison Vauban in Saint-Léger-Vauban hält die Erinnerung an den Festungsbaumeister und sein kolossales Werk wach.

Saint-Agnan (1968, 142 ha) und Chamboux (1984, 75 ha) in Saint-Martin-de-la-Mer.

Quarré-les-Tombes (Yonne)

Die Kirche dieses kleinen Dorfs ist von 112 Sarkophag-Elementen umgeben, deren Ursprung umstritten ist.

Saint-Brisson (Nièvre)

Das *Maison du Parc naturel régional du Morvan* (1975) besitzt u. a. eine Bibliothek mit Werken über den Morvan, ein Zentrum für Landschaftskunde sowie ein Museum, das sich dem brisanten Thema der Widerstandskämpfer des Morvan zwischen 1940-1944 widmet.

Saint-Honoré-les-Bains (Nièvre)

Die Thermalquellen des seit Mitte des 19. Jh. beliebten Heilbads wurden bereits von den Römern geschätzt. Das schwefel- und arsenhaltige Wasser eignet sich besonders gut zur Behandlung von Atemwegserkrankungen. Ein Kasino trug zur wirtschaftlichen Wiederbelebung dieses ausgesprochen malerischen großen Dorfes bei, in dem Louis Malle seinen Film *Le Souffle au cœur* drehte.

Uchon (Saône-et-Loire)

Dieser 700 m über dem Meeresspiegel liegende urwüchsige Landstrich der Holzfäller, Säger und Holzschuhmacher zählt zu den schönsten des Morvan. Die vor über 30 Mio. Jahren entstandenen kuriosen Felsformationen *Carnaval* aus schwarzem Glimmer sind ein Meisterwerk der Erosion.

Die Anfänge der französischen Geschichte

Linke Seite

Markant zeichnet sich der Felszipfel Solutré vom Horizont ab.

Rechts unten

Amphoren im Musée de la Civilisation celtique (Mont Beuvray). Zur gallisch-römischen Zeit bezog das Burgund große Mengen Weins aus Italien und Spanien, der in Booten über die Flüsse Rhône und Saône bis hierher transportiert wurde. Auf den Amphoren ist ihre Herkunft vermerkt.

Die Vorgeschichte in der Bourgogne

Die ältesten Spuren menschlicher Präsenz wurden in Soucy unweit von Sens in einer Kiesgrube zu Tage befördert. Die Menschen, die sich hier vor etwa 300.000 Jahren am Ufer eines Flusses aufhielten, hinterließen Spuren des von ihnen zerlegten Wilds: Bären, Auerochsen, Wildpferde und sogar Nashörner und Elefanten. Die Acheuléen-Kultur (Kulturstufe der Älteren Altsteinzeit) ist präsent in den Grotten bei Azé, auf den Terrassen der Flusstäler von Loire und Yonne sowie im Schwemmland einiger Flüsse wie Saône. Im Mittelpaläolithikum (90.000 bis 35.000 Jahre v. Chr.), das von einem Wechsel zwischen wärmeren und kälteren Perioden gekennzeichnet ist, ernährt sich der Neandertaler von Rentier- und Mammutfleisch. Bezeichnend für diesen Höhlenbewohner der Grotten von Arcy-sur-Cure, Vergisson und Créancey in der Auxois-Region ist, dass er seine Toten begräbt und Arbeitswerkzeuge aus Stein anfertigt (Kulturstufe Moustérien). Vereinzelte Spuren seiner Präsenz sind überall zu finden außer im Morvan und in der Bresse-Region. Bei Genay wurde der älteste Burgunder entdeckt, der vor über 80.000 Jahren im Umland von Semur-en-Auxois lebte.

In der Jüngeren Altsteinzeit (zwischen 35.000 bis 9.000 v. Chr.) klingt die Eiszeit mit zwei Kälteperioden aus. Die Bourgogne verwandelt sich erneut in eine Tundralandschaft. Mit der Erwärmung des Klimas hält das Wildrind seinen Einzug. Der Cromagnon ähnelt mehr und mehr dem heutigen Menschentypus. Er lebt in Zelten, Höhlen

Oben

Die Höhlen bei Arcy-sur-Cure, eine bedeutende Stätte der nordfranzösischen Vorgeschichte. Touristisches Werbeplakat von Julien Lacaze um 1930. Foto CRT Bourgogne.

(Arcy-sur-Cure) oder im Freien (Marsangy) und entwickelt immer mehr Geschick. Zur Jagd setzt er besondere Wurflanzen ein, aus den erlegten Tieren fertigt er Kleidung und Schmuck. Etwa 25.000 v. Chr. siedeln sich auf der felsigen Anhöhe von Solutré Menschen an, die sowohl das Handwerk der Feuersteinbearbeitung als auch die Wildpferdjagd beherrschen. Das heutige Landschaftsbild entsteht in der Mittelsteinzeit zwischen 8000 und 4000 v. Chr. Das gemäßigte Kontinentalklima begünstigt die Entstehung von Nadel- und Laubwäldern, in welchen Hirsche und Wildschweine leben. Der Mensch wendet sich dem Ackerbau und der Viehzucht zu. Weizen, Gerste, Schafe, Schweine und Rinder versorgen die Dörfer, die nun aus großen Holzhäusern bestehen.

Zu Beginn des Neolithikums um 3600 v. Chr. lässt sich in der Bourgogne ein aus dem Rhônetal stammendes Volk nieder, das sich im Ort Chassey im heutigen Weinbaugebiet Côte Chalonnaise unweit von Santenay ansiedelt. Die so genannten *Chasséens* zeichnen sich durch ihre weit entwickelte Kultur und die Beherrschung besonderer Handwerkskünste wie das Töpfereihandwerk aus. Im ausgehenden Neolithikum (zwischen 2500 und 1800 v. Chr.) kreuzen sich in der Region mehrere Zivilisationen. Insbesondere breitet sich auf den Kalkstein-Plateaus die Megalithkultur mit ihren Stein- und Hügelgräbern (Dolmen und Tumuli) aus. Die ersten Gegenstände aus Kupfer kommen auf und der Austausch mit weit entfernteren Gegenden nimmt zu.

In der Bronzezeit (zwischen 1800 und 750 v. Chr.) fällt der Bourgogne eine zentrale Rolle als Drehscheibe innerhalb Europas zu. Der Handel lässt Reichtum entstehen, wie der bei La Rochepot (Côte-d'Or) gefundene 1,2 kg schwere Goldarmreif bezeugt. Während sich das Töpfereihandwerk und die Metallverarbeitung zusehends entwickeln, strukturiert sich das gesellschaftliche Leben im Umland von Auxerre in Verbindung mit dem Pariser Becken längs des Saône-Tals. Beide Regionen unterhalten intensive Beziehungen zum Osten, gemeint sind die germanischen und helvetischen Völker sowie die Alpen-Region. Aus Zentraleuropa dringen um 700 v. Chr. Völker bis in die Bourgogne vor, die ihre Toten einäschern und in Urnen bestatten. Kennzeichnend für diese Urnenfelderkulturen ist die Vielfalt ihrer Werkzeuge und Waffen und ihr prächtiger Schmuck (Villethierry im Département Yonne).

Arcy-sur-Cure (Yonne)

Vor 90.000 Jahren bewohnten Neandertaler und Homosapiens die Höhlen bei Arcy-

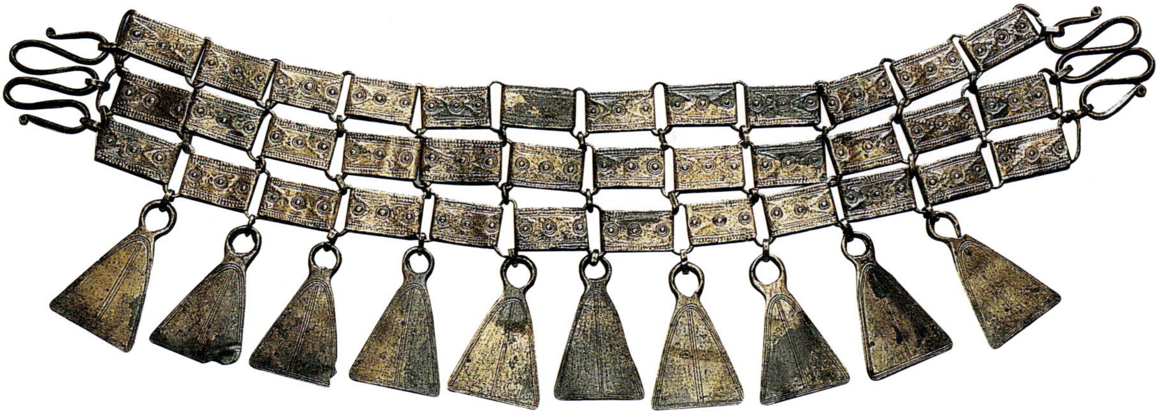

Oben und unten

Im Archäologischen Museum von Dijon ist der im Jahre 1982 im kleinen Dorf Blanot (Côte-d'Or) geborgene Schatz zu bestaunen. Nicht geklärt ist, ob dieses Schmuckstück um 1000 v. Chr. von einer Frau oder einem Mann getragen wurde.

Musée archéologique von Dijon.

Fotos Jean-Pierre Coquéau.

sur-Cure im Süden des Départements Yonne. In diesem Netz aus unterirdischen Gängen ist die Pferde-Grotte (grotte du Cheval) die einzige der Bourgogne mit Wandmalereien (Mammuts und Pferd) und zugleich die nördlichste Frankreichs.

Autun (Saône-et-Loire)

Im Museum Rolin sind Funde aus dem Neo- und Chalkolithikum ausgestellt, die aus dem Lager von Chassey im Umland von Santenay und Chagny stammen. Darüber hinaus zeigt es die ersten Ausgrabungen der auf dem Mont Beuvray angesiedelten gallisch-keltischen Hauptstadt Bibracte und vermittelt interessante Einblicke in die gallisch-römische Zivilisation.

Azé (Saône-et-Loire)

Durch die Höhlen von Azé im Umland von Cluny führt ein langer Besichtigungsparcours, der von April bis September geöffnet ist. Die prähistorische Höhle besitzt besonders bemerkenswerte Funde, so z. B. 300.000 Jahre alte Bärenskelette. Ein Museum rundet die Besichtigung dieser beeindruckenden Stätte ab.

Links

Gorgonenhaupt der Vase von Vix.

Solutré (Saône-et-Loire)

Im Département Saône-et-Loire nahe Mâcon ragt mitten aus den Weinstöcken von Pouilly-Fuissé der 493 m hohe Felszipfel Solutré auf. Dieser auf Trochitenkalkbänken aufliegende Fels konnte dank seiner extrem harten Korallenfossilien der Erosion standhalten und sein markantes Profil wahren. Sämtliche Kulturen nahmen von dieser bedeutenden Stätte in der Altsteinzeit Besitz. Aufgrund der über 20.000 Jahre alten, beeindruckenden Funde (Feuerstein mit „Lorbeerblattmotiv", Nähnadeln, Schmuck, Gravuren, Statuetten) wurde eine Stufe der Altsteinzeit gar Solutréen genannt. Etwas älter, nämlich 23.000 Jahre, sind die auf 1 ha am Fuße der Felswand in einer Magmaschicht angehäuften Jagdbeutereste von etwa hunderttausend Wildpferden. Diese großen Wildpferdherden wurden nicht, wie eine Legende behauptet, vom hohen Fels in den Tod getrieben, sondern auf ihren Wanderungen zwischen der Cluny-Region und dem Saône-Tal (Stätte Crôt-du-Charnier) von den Jägern erlegt. Das modern gestaltete, hochinteressante Museum für Vorgeschichte des Départements (1987) widmet sich der Zivilisation im Solutréen in seinem europäischen Kontext und zeigt u. a. Funde von Ausgrabungen bei Azé und Vergisson.

Die Eisenzeit

Die Eisenzeit reicht von 750 v. Chr. bis zur römischen Eroberung. In diesem Zeitraum entwickelt sich die Kunst der Eisenverarbeitung im Laufschritt und entfaltet sich das Leben. Krieger werden in großen Tumuli mit ihren Schwertern, Messern aus Bronze, Vasen und Gefäßen beigesetzt. 1954 machte der Landwirt Maurice Moisson, der sich an den örtlichen Ausgrabungen beteiligte, eine wahrlich spektakuläre Entdeckung: Im Ort Vix nahe Châtillon-sur-Seine fand er das unversehrte Grab einer etwa dreißigjährigen Frau auf einem schön verzierten Grabwagen mit kostbaren Grabbeigaben: ein wunderschön verarbeitetes Golddiadem (450 g) und eine griechische, mit Gorgonen und Kriegern verzierte antike Bronzevase, die vermutlich um 650 v Chr. in Süditalien angefertigt wurde. Dieses 1,65 m hohe, 180 kg schwere und 1.000 Liter fassende Mischgefäß (der so genannte Krater von Vix) ähnelt bis ins kleinste Detail der Vase, die laut Herodot Crassus vermacht worden war.

Warum gerade in Vix? Im 6. Jh. v. Chr. befand sich der Mont Lassois mit seinem Oppidum auf der Zinnstraße, die von der nordwestfranzösischen Cornouaille-Region

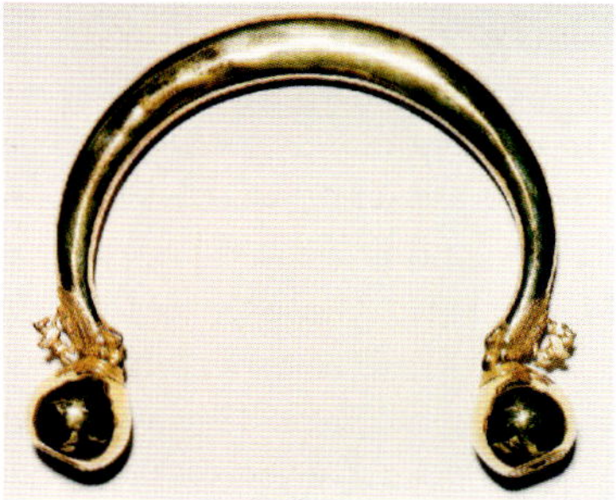

Oben

Luftaufnahme vom Mont Lassois.

Musée du Châtillonnais, Châtillon-sur-Seine, Foto Goguey.

Links

Das Golddiadem der Dame von Vix, dessen Herkunft ein Rätsel bleibt. Einige Archäologen vermuten, es stamme aus der Gegend, andere wiederum glauben, es komme aus Georgien oder von noch weiter her.

Musée du Châtillonnais, Châtillon-sur-Seine, Foto Goguey.

Archäologische Museen

Auxerre: Kunst- und Geschichtsmuseum.
Chalon-sur-Saône: Museum Denon (Feuerstein aus Volgu).
Dijon: Archäologisches Museum (Armreif aus La Rochepot, Kunstschätze von Blanot, usw.).
Sens: Museum (Kunstschätze von Villethierry, Ausgrabungen von Marsangy). ■

hinunter ans Mittelmeer führte. Es ist anzunehmen, dass an dieser obligatorischen Passage zwischen Seine- und Saônetal eine Mautgebühr verlangt wurde, die den Reichtum dieser Prinzessin (oder Priesterin?) erklären könnte, die immerhin aus einer 1.000 km entfernten Region das größte und bis heute besterhaltene griechische Gefäß bis hierher transportieren lassen konnte. Ob das Diadem aus dem europäisch-asiatischen Grenzraum stammt, müssen weitere Forschungsarbeiten klären. 2007 wurde ein großer Saal freigelegt, bei dem es sich möglicherweise um den Palast der geheimnisvolle Dame von Vix handelt.

Châtillon-sur-Seine (Côte-d'Or)

Der kostbare Fund von Vix wird im Museum von Châtillon aufbewahrt, das derzeit einige Verbesserungen zu dessen angemessener Präsentierung unternimmt. Befände sich das Gefäß von Vix in einer kleinen griechischen Stadt, würde es sicherlich jedes Jahr Hunderttausende Besucher anziehen. Zur Besichtigung dieses außergewöhnlichen archäologischen Prachtstücks sollte man durchaus eine längere Autobahnfahrt in Kauf nehmen.

Dolmen und Menhire

Viele sind Fantasiegebilde der Legende oder Geologie. Einige sind echte Zeugnisse der Megalithkultur wie die Dolmen von Ternant im Weinbaugebiet Hautes-Côtes de Nuits, die Menhire von Pierre Pointe in Sussey und von Montbracon in Dommartin im Morvan.

Links

Die Ausgrabungsstätte der antiken Stadt Bibracte auf dem Mont Beuvray.

Bibracte

Als sich nahezu ganz Gallien auf dem Mont Beuvray bei Autun vereint und mit Vercingetorix als Anführer in Alésia gegen Julius Caesar zu Felde zieht, ist erstmals von einer einzigen Nation die Rede. So nimmt die Geschichte Frankreichs um etwa 50 v. Chr. ihren Anfang.

Ab dem 5. Jh. v. Chr. (zweiter Abschnitt der Eisenzeit - La Tène-Zeit) wird die Region von mehreren keltischen Völkern besiedelt: Senonen (Sens), Lingonen (Langres), Sequaner (Franche-Comté), Mandubien (Alésia) und Häduer (Morvan). Diese errichten ihre Hauptstadt Bibracte auf dem Gipfel des Mont Beuvray auf 800 Höhenmetern. Die weitläufige Siedlung zählt auf 135 ha 15.000 bis 20.000 Einwohner. Ein ähnliches Oppidum entstand in Zentraleuropa in Ungarn. Neben der Landwirtschaft leben die Kelten vom Handwerk und Handel.

Die Häduer, die sich mit den Römern verbünden, bitten diese um 58 v. Chr. um Hilfe, um die Helvetier zurückzudrängen. Doch schon bald wendet sich das Blatt. Im Jahre 52 v. Chr. erheben sich die gallischen Stämme gegen den römischen Eroberer. Vercingetorix, ein junger Averner-Fürst aus der Auvergne, wird in Bibracte zum Armeegeneral gewählt. Er begeht den Fehler, sich mit seinen Truppen in Alésia (Alise-Sainte-Reine) zurückzuziehen, erhält nicht die versprochene Verstärkung und muss mit ansehen, wie Julius Caesar eine gewaltige Belagerung anordnet. Hunderttausende Krieger stehen sich an einer unüberwindbaren Front aus Gräben, Türmen und Fallen gegenüber. Machtlos muss sich Vercingetorix ergeben und als Gefangener dem Sieger mehrere Jahre folgen. Caesar verbringt den auf seinen Sieg bei Alésia folgenden Winter in Bibracte, wo er seine *Kommentare über den Gallischen Krieg* niederschreiben lässt. Als Caesar einige Jahre später einen triumphalen Einzug in Rom hält, lässt er noch am selben Abend seinen Feind hinrichten. Gallien ist tot, doch Frankreich lebt und bringt einen ersten Nationalhelden hervor, dem Napoleon III. eine besondere Verehrung entgegenbringen sollte.

Ohne nennenswerte Schwierigkeiten gelingt es Rom, das Land zu beherrschen und gleichzeitig die alten Bräuche und Sitten der Gallier in gewissem Maße zu respektieren. Lediglich der Aufstand unter dem Häduer-Fürst Sacrovir im Jahre 21 n. Chr. vermag für einen Moment diese Stabilität ins Wanken zu bringen, bevor die Revolte unterdrückt werden kann. Die Gallier

Rechts

Gesicht in Stein gemeißelt: Der in Bibracte (Pâture du Couvent) geborgene Fund ist im Musée de la Civilisation celtique am Fuße des Mont Beuvray zu sehen.

© Bibracte. Foto Antoine Mailler.

machen das Quellgebiet der Seine zu einer Kultstätte, die sie der Wassergöttin Sequana weihen. In der Werkstatt eines Handwerkers wurden unzählige Votivgaben aus Holz oder Stein gefunden, die die Kelten als Dankesgaben oder Bitte um Heilung in die Quelle warfen. Ein Goldschmiedewerk zeigt Sequana auf ihrem Boot. So bleibt lange Zeit die gallische Kultur populär und bis in die tiefsten Winkel der Wälder verankert. Unklar ist bis heute, wie die Gallier die genaue Quelle der Seine ausmachen konnten und diese nicht mit der Quelle des Flusses Yonne verwechselten.

In Mirebeau (Côte-d'Or) förderten Ausgrabungen das Lager einer römischen Legion zu Tage, das beispielhaft den militärischen Alltag der Legionäre widerspiegelt.

Die neuen Machthaber lassen ein Straßennetz entstehen, so z. B. die von Lyon nach Trier führende Römerstraße, der heute eine Autobahn folgt. An Stelle der unzugänglichen und von aufrührerischen Häduern „unterwanderten" Stadt Bibracte setzen die Römer Augustodunum (Autun), die zur „Schwester und Nebenbuhlerin von Rom" avanciert. Die Stadtplanung inspiriert sich vom römischen Modell mit Theater, Arena und Torbau, während im landwirtschaftlich genutzten Umland Villen entstehen. Latein setzt sich als Kultsprache durch. Die Schulen von Autun werden von Kindern reicher Familien aus ganz Gallien besucht. Aus dem Mittelmeerraum und dem Orient tauchen Götter auf, so z. B Mithra in Les Bolards und Nuits-Saint-Georges oder Isis und Osiris in Autun. Ab dem 2. Jh. n. Chr. führen hier Griechen und Syrer das Christentum ein, wie die Inschrift von Pectorios in Autun belegt. Unter den Römern lebt der Weinbau

Links

Rekonstruktion einer Bronzewerkstatt am Haupttor Porte du Rebout im Musée de la Civilisation celtique, das auf Initiative von François Mitterrand entstand, der lange Zeit Abgeordneter und Bürgermeister von Château-Chinon war.

© Bibracte. Foto Antoine Mailler.

auf, der möglicherweise schon vor der römischen Eroberung praktiziert wurde. Die Rebstöcke stammen jedenfalls aus dem Süden, vermutlich aus Italien.

Die Pax Romana hält nicht lange an. Im 3. Jh. versetzen Zivilkriege und germanische Invasionen das Land in Aufruhr und Schrecken. Die bedrohten größeren Städte suchen hinter Festungsanlangen Schutz. Im 4. Jh. dehnt sich das Christentum weiter aus. So stammen die ersten burgundischen Heiligen wie Bénigne, Reine, Andoche, Symphorien und Lazare aus dieser Zeit. In Autun, Auxerre, Sens und Langres aber noch nicht in Dijon werden Bischöfe eingesetzt. Dieser den ehemaligen gallischen Völkern nachempfundene Aufbau der Kirche sollte bis zum 18. Jh. fortdauern.

Alésia (Alise-Sainte-Reine, Côte-d'Or)

Immer wieder entbrennt um Alésia der selbe Streit: Handelt es sich bei der belagerten Stadt nicht um Guillon (Yonne), Alaise, Salins-les-Bains oder La Chaux-des-Crotenay in der Franche-Comté oder gar Alès (Gard)

Oben Auf Geheiß Napoleons III. fertigte der Bildhauer Aimé Millet (1865) diese 7 m hohe Statue von Vercingetorix an. Der Sockel wurde von Viollet-le-Duc entworfen. Das Werk verkörpert par excellence das Bild, das man sich im 19. Jh. vom Gallier machte.

Links Bei Alésia geborgene Büste einer jungen gallisch-römischen Frau (1. Jh. v. Chr.).

Museum von Alise-Sainte-Reine.

oder Aluze (Saône-et-Loire)? Verschiedene Grabungen und archäologische Luftaufnahmen lassen keinen Zweifel zu, dass die Schlacht bei Alise-Sainte-Reine stattgefunden hat. Napoleon III., der diesem Kapitel der Geschichte großes Interesse entgegen brachte, ließ durch den Bildhauer Aimé Millet (1865) eine 7 m hohe Statue aus Kupfer und Eisen von Vercingetorix anfertigen, deren Sockel vom Architekten Viollet-le-Duc entworfen wurde. Die Skulptur entspricht der Vorstellung der Franzosen des 19. Jh. vom typischen Gallier. Die Ausgrabungsstätte zeigt Überreste einer gallisch-römischen Siedlung zwischen dem 1. und 4. Jh. Nach 30 Jahren intensiver Forschung plant das oberste Exekutivorgan des Départements Côte-d'Or den Bau eines Museums (Fertigstellung um 2010) durch den berühmten Architekten Bernard Tschumi – endlich, ist man geneigt zu sagen.

Oben

Das Centre d'interprétation d'Alésia. Eine vom Département Côte-d'Or beschlossene, ausgesprochen gelungene Aufwertung des Kulturguts, mit dessen Bau der berühmte Architekt Bernard Tchumi beauftragt wurde.

© Arnaud 25

Links

Muttergöttin, ein bei Alésia geborgener Fund.

Museum von Alise-Sainte-Reine.

Oben In Autun sind zwei der vormals vier alten Stadttore erhalten. Die niemals instand gesetzte Porte d'Arroux geht bis auf die Gründerzeit der antiken Stadt zurück. Hier abgebildet ist die mehrmals restaurierte Porte Saint-André mit Wachturm, dem ein gewisser Kultstatus zuteil wurde.

Autun (Saône-et-Loire)

Diese dem Kaiser Augustus zu verdankende gallisch-römische Stadt entstand im späten 1. Jh. n. Chr., um die gallische Hauptstadt Bibracte auf dem Gipfel des Mont Beuvray zu ersetzen. Ihr Einfluss als Universitätsstadt und Schmelztiegel von Galliern und Römern hielt etwa 200 Jahre an.

Zum damaligen Stadtbild gehören 54 Rundtürme, vier monumentale Stadttore, wovon noch zwei (Arroux und Saint-André) erhalten sind, ein heute teilweise restauriertes Theater (das größte Galliens für 20.000 Zuschauer), ein im 18. Jh. dem Erdboden gleichgemachtes Amphitheater

Oben Das antike Theater von Autun (aus der zweiten Hälfte des ersten nachchristlichen Jahrhunderts) bot bis zu 20.000 Zuschauern Platz. In den 1930er Jahren wurde es teilweise rekonstruiert.

und der Janus-Tempel (ein beeindruckender Überrest eines romanisierten gallischen Heiligtums). Weitere Bauwerk im Umland von Autun, darunter ein Zirkus oder Theater, Amphitheater, Tempel und Thermen, wurden noch nicht freigelegt. Nicht weit von hier befindet sich das Grabdenkmal *Pierre de Couhard* der antiken Stadt aus dem 1. Jh., eine nahezu 30 m hohe Pyramide von quadratischem Grundriss. Um dieses Bauwerk, das lange Zeit unter Esoterikern großen Gefallen fand, kreisen zahlreiche Hypothesen. Im Museum Rolin sind bemerkenswerte Fundstücke von Bibracte und Augustodunum, Mosaike, Geschirr, Kultgegenstände, usw. ausgestellt.

Beuvray (Mont), Sitz der ehemaligen Hauptstadt Bibracte (Nièvre)

Bereits im Neolithikum wird die weitläufige Anhöhe Mont Beuvray besiedelt. Denn der leicht zu verteidigende Mont profitiert von einer ausgesprochen günstigen Lage (800 m über dem Meeresspiegel) nahe bedeutender Metallvorkommen und in praktischer Nähe zu den Flüssen Saône, Loire und Seine. So wählen die Häduer diesen Ort, um hier ihre Hauptstadt zu errichten.

Nach der römischen Eroberung gerät die Stadt zu Gunsten von Autun in Vergessenheit. Ihre Wiederentdeckung im 19. Jh. führt zu intensiven Ausgrabungen, die ab 1986 nach modernen archäologischen Methoden mit Spezialisten aus Spanien und Ungarn fortgesetzt werden. Diese Arbeiten belegen eine europaweite einheitliche Oppida-Kultur, die mehr auf wirtschaftlichen Aspekten als auf militärischer Stärke fußt. Die Ausgrabungsstätte, die von schönen Buchen gesäumt wird und einen atemberaubenden Ausblick auf das Umland bietet, besticht durch interessante Rekonstruktionen (Porte du Rebout) und legendäre Stätten wie der Fels Wivre, eine Anhöhe, auf der Vercingetorix seine Ansprachen vor den Galliern gehalten haben soll. Im *Parc aux chevaux*

Oben

Der frei nach dem Gott Janus benannte Tempel von Autun ist Teil einer wesentlich größeren Kultstätte unweit eines Amphitheaters oder eines Zirkus sowie mehrerer noch nicht freigelegter Bauwerke.

Links

Weit schweift der Blick vom Gipfel des Mont Beuvray über das Umland.

Rechts

Die Augen, ebenfalls eine Votivgabe, stammen nicht aus dem Quellgebiet der Seine sondern aus Dijon.

Unten

Votivgaben aus Holz und Stein aus dem Quellgebiet der Seine, einer der Wassergöttin Sequana geweihten Kultstätte. Musée archéologique von Dijon.

Fotos des Museums.

Archäologische Stätten

Escolives-Sainte-Camille (Yonne).

Champallement-Compierre (Nièvre).

In Pierre-Perthuis nahe Vézelay die gallisch-römischen Thermen *Les Fontaines Salées*.

■

sind römische Steinhäuser zu sehen. 1996 ließ François Mitterrand am Fuße des Mont Beuvray ein Archäologie-Museum errichten, das wichtige Fundstücke ausstellt und die Zivilisationen dieser Epoche nach den Regeln der modernen Museografie nachzeichnet.

Archäologisches Museum von Dijon (Côte-d'Or)

Das Museum besitzt Votivgaben aus Holz und Stein, die bei der gallisch-römischen Kultstätte im Quellgebiet der Seine (Wassergöttin Sequana) gefunden wurden, sowie aus einem Tempel stammende riesige menschliche Köpfe aus Stein (*Têtes de Chorey*).

Museum von Nuits-Saint-Georges (Côte-d'Or)

In diesem Museum sind die Funde der bemerkenswerten gallisch-römischen Siedlung Les Bolards ausgestellt.

Das Quellgebiet der Seine (Côte-d'Or)

In Saint-Germain-Source-Seine bei Saint-Seine-l'Abbaye (Côte-d'Or) befindet sich vermutlich die Hauptquelle der Seine. Das Gebiet wurde im 19. Jh. von der Stadt Paris gekauft, die hier eine falsche Grotte und eine Statue der Wassergöttin Sequana errichten ließ, ein Werk des Bildhauers Jouffroy. Ähnlich wie Lourdes heute diente die Quelle der Seine den Kelten als Kultstätte, um ihre Wassergöttin Sequana um Heilung anzuflehen oder ihr Dankesgaben zu überbringen. Unter den vielen Votivgaben aus Holz und Stein, die im 20. Jh. in schlechtem Konservierungszustand in der Werkstatt eines hiesigen Handwerkers gefunden wurden (denn die wassergetränkten Gaben waren 2.000 Jahre hindurch ungeschützt der Luft ausgesetzt), befinden sich Hunderte anatomische Nachbildungen (Arme, Speiseröhren, usw.). Zusammen mit den in den 1960er Jahren entdeckten Fundstücken bei Chamalières (Puy-de-Dôme) handelt es sich um den größten Bestand gallisch-römischer Bildhauerwerke (Votivgaben).

Oben

Replikat einer Statue von François Jouffroy (1865). Diese die Seine verkörpernde Nymphe ziert eine künstliche Grotte, die auf Geheiß Napoleons III. und dessen Präfekten Haussmann (Stadtplaner von Paris) an einer der Seine-Quellen errichtet wurde.

Das Burgund als romanisches Vorbild

Die romanische Baukunst, die sich als Ausdruck des Glaubens und der Geistlichkeit versteht, wird von verschiedenen monastischen Bewegungen internationalisiert. In der Bourgogne sind es die Abteien von Cluny und Cîteaux, die wie zwei entzündete Kerzen ein ganzes Jahrtausend hindurch die Christenheit erhellen.

Linke Seite
Das Kloster Fontenay zählt zu den ersten Bauwerken, die von der UNESCO in die Weltkulturerbeliste aufgenommen wurde (1981).

Unten
Der Totentanz und Die drei Lebenden und drei Toten in der Kirche von La Ferté-Loupière im Département Yonne (seltene Wandmalereien aus dem späten 15. Jh.).

In den blutigen Zeiten der Merowinger, Karolinger und Kapetinger entfaltet sich das burgundische Modell. Dem Volk der Burgunden verdankt die Region ihren Namen und ihre Gesetze. Dem Geschlecht der burgundischen Könige entstammt die christliche Chrodechilde, die den Frankenkönig Chlodwig I. zum Gemahl nimmt und diesen zum Christentum bekehrt. Das Frankenreich dehnt sich aus. Als es später in Folge der Aufteilung unter den Erben Karls des Großen in drei Teile gegliedert wird, bildet sich das Lotharingien heraus.

In der Bourgogne entwickelt sich eine eigene romanische Kultur, die sich als universeller Stil durchsetzen wird. In der Eigenschaft als Schutzschild gegen Sittenverfall und Unheil nimmt der Einfluss der Kirche rasch zu; in den Städten spielen die Bischöfe eine wachsende Rolle. So auch der Heilige Germanus von Auxerre im frühen 5. Jh., der sich zunächst als Präfekt und Oberbefehlshaber der römischen Garnison an der Atlantikküste und schließlich als Bischof einen Namen macht.

Die christliche Religion löst zusehends die alten gallischen und gallisch-römischen Glaubensüberzeugungen ab, ohne diese völlig auszulöschen. Zahlreiche christliche Stätten und an den Kapitellen der Kirchen dargestellte Heilige, Tiere und Personen sind keltischen Ursprungs. So folgt beispielsweise auf die Göttin Sequana der Heilige Sequanus. Im 5. Jh. entsteht bei Moutiers-Saint-Jean (Côte-d'Or) eine neue Form des religiösen Lebens: Gemeinschaften in Klöstern und Abteien, die im Anschluss an das Konzil von Autun (670) mehrheitlich die Regel des Hl. Benedikt befolgen. Sowohl die Stadt (wie Saint-Etienne in Nevers, Saint-Germain in Auxerre, Saint-Bénigne in Dijon und Saint-Marcel in Chalon-sur-Saône) als auch das Land (wie Saint-Seine, Bèze und Flavigny im Département Côte-d'Or) werden vom Eifer der Klostergründungen erfasst.

Oben

Detailansicht des Bildhauerwerks im Oberen Müllersaal der alten Abtei von Cluny.

Oben

In Cluny überragen der kleine Kirchturm und der „Weihwasserturm" (12. Jh.) den noch erhaltenen Teil der ehemaligen Klosterkirche. Im kleinen Kirchturm befand sich die Stadtuhr, was seine Präsenz bis heute erklärt.

Cluny im Zentrum des christlichen Abendlandes

Um 909 oder 910 tritt Herzog Wilhelm von Aquitanien seine Villa und Ländereien von Cluny im Landkreis Mâconnais an den Mönch Bernon und seine 12 Begleiter aus Baume-les-Messieurs (Jura) ab, um hier eine Abtei zu gründen, die keiner anderen Macht als der des Papstes untersteht. Schon bald entwickelt sich Cluny zusammen mit Rom zum Zentrum der christlichen Welt. Zu seinen namhaften Äbten gehören Odon, Aymard, Mayeul, der das Pontifikat ablehnt, Abt Odilon, der Begründer des so genannten „Gottesfriedens" (Treuga Dei) und Einführer des Allerseelentages, Hugo „der Große" sowie Petrus Venerabilis, der Pierre Abélard empfängt und ihn mit der Kirche versöhnt sowie die erste lateinische Übersetzung des Korans anfertigt.

Die schwarzen Mönche, wie es der Historiker Georges Duby ausdrückte, bilden eine mächtige Miliz von unverwüstlichem Teamgeist. Cluny nimmt einige Anpassungen der Benediktusregel vor. Auf seinem Höhepunkt im 13. Jh. zählt der Benediktinerorden in weiten Teilen Europas 10.000 Geistliche in etwa 1.000 Klöstern. Sein spiritueller Einfluss ist immens. In Cluny wird Papst Kalixt II. gewählt. Der Orden kann eine Schar von 2.000 Gästen aufnehmen. Sein irdisches Reich kennt keine Grenzen. Besagt nicht ein bekanntes französisches Sprichwort: „Partout où le vent vente, Cluny prend sa rente"? Ohne moralische Bedenken lebt das Großkloster Cluny im Überfluss, während die Ordens-

Links
Gewölbe im Unteren Müllersaal der alten Abtei von Cluny.

Unten
In der ehemaligen Abtei befindet sich heute die französische Ingenieurschule für Kunst und Handwerk.

brüder dem vollständigen Stundengebet Folge leisten. Die Abteikirche wird vergrößert und ab 1080 die dritte Kirche (Cluny III) in Angriff genommen. So entsteht noch vor dem Petersdom von Rom der größte Kirchenbau des mittelalterlichen Abendlandes. Nachdem die Kardinäle Richelieu und Mazarin pro forma das Amt des Abtes einnehmen, um von den Pfründen zu profitieren, setzt die Französische Revolution dem Orden ein Ende (1790), der hier bereits auf 46 Mönche geschrumpft war. Zu Beginn des 19. Jh. fällt die Abteikirche der puren Zerstörungswut zum Opfer.

Seit 1867 befindet sich in den erhaltenen Gebäuden der ehemaligen Klosterkirche die Staatliche Handwerkerschule. Zu besichtigen sind die Fassade, der Kreuzgang (18. Jh.), der kleine Kirchturm und der „Weihwasserturm" (12. Jh.) sowie der Südarm des Querschiffes. Im Müllerhaus (14. Jh.) wird die ehemalige Klosteranlage nachgezeichnet und unter einem wunderschönen Dachgebälk sind einige gerettete Kapitelle ausgestellt. Weitere Sehenswürdigkeiten sind der *Tour du Moulin* (12. Jh.), der *Place de l'Abbaye* und der *Tour des Fromages* (Fundament aus dem 11. Jh.) sowie die Pferdeställe von Saint-Hugues (11. Jh.). Von ganz besonderem Interesse für die kluniazensische Romanik ist das 1992 renovierte Museum Ochier.

Oben
Die Basilika Sacré-Cœur in Paray-le-Monial.

Das ehemalige Kloster Saint-Germain in Auxerre (Yonne)

Der Heilige Germanus und Bischof von Auxerre bekleidete als bedeutende Persönlichkeit des 5. Jh. mehrere geistige und weltliche Funktionen. Nach seinem Tod wachte eine Brudergemeinschaft über sein Grab. Im Frühmittelalter setzte das Benediktinerkloster Saint-Germain diesen Kult fort. Jährlich fanden sich etwa 2.000 Schüler aus dem gesamten christlichen Abendland in dieser angesehenen Bildungsstätte ein, in der bis zu 600 Mönche lebten! Von der im 9. Jh. wieder aufgebauten Klosteranlage sind noch die Krypten auf zwei Stockwerken erhalten, die mit ihren herrlichen Fresken zu den ältesten burgundischen Zeugnissen der frühromanischen Kunst zählen. Der Bau der Kirche begann im 11. Jh. in mehreren Etappen: der Turm Saint-Jean in der Mitte des 12. Jh., das heutige Bauwerk zwischen dem 13. und 15. Jh. Das Kloster fiel der Revolution zum Opfer. In Zusammenarbeit mit der Abtei Saint-Germain entstand das Museum.

Links
Schön verziertes Kapitell im Kapitelsaal des ehemaligen Klosters Saint-Germain in Auxerre.

Oben
Das halbkugelförmige Gewölbe in der Basilika von Paray-le-Monial zeigt Christus. Die Malerei entstand nach dem Bau der Kirche und wurde erst 1935 freigelegt.

Die Kirche Notre-Dame in La Charité-sur-Loire (Nièvre)

Der Einfluss von Cluny erfasste die gesamte Bourgogne und reichte bis zur Kirche Saint-Aignan in Gevrey-Chambertin. Im Département Nièvre wurde im Jahre 1059 im Ort La Charité-sur-Loire am Jakobsweg (1998 zum Weltkulturerbe der UNESCO erklärt) ein Tochterkloster von Cluny gegründet, das gleichfalls bis zur Revolution (1789) seinen Einfluss in Europa geltend machte (England, Portugal, Venedig und Konstantinopel). Der Name des Ortes La Charité (dt. Barmherzigkeit) geht auf die Pilger zurück, die hier Verpflegung und Schutz fanden. Die gleichsam von Katholiken und Protestanten begehrte Stadt blickt auf eine bewegte Geschichte zurück. Bis auf einige schön erhaltene Überreste wurden die Klostergebäude „zerlegt" und verkauft. In der Kirche Notre-Dame sind unter späteren Rekonstruktionen aus dem 14. und 16. Jh. Teile der romanischen Klosterkirche zu sehen.

Basilika Sacré-Cœur in Paray-le-Monial (Saône-et-Loire)

Die im späten 11. Jh. erbaute und mehrmals restaurierte Basilika Sacré-Cœur gilt als Vorbild der kluniazensischen Architektur und Hochburg der romanischen Baukunst. Die Wiederentdeckung dieses alten, vollkommen harmonischen Bauwerks ist jüngsten Restaurierungsarbeiten zu verdanken. Der Chorumgang erinnert an den wunderschönen, leider nicht erhaltenen „Wandelgang der Engel" von Cluny. Die dem Herz-Jesu-Kult (Hl. Margarete Maria) geweihte Pilgerstadt Paray-le-Monial, die heute von der Gemeinschaft Emmanuel betreut wird, erhielt 1986 den Besuch des Papstes Johannes Paul II. Im renovierten Hiéron-Museum ist das romanische Tympanon des alten Priorats des unweit von Paray-le-Monial gelegenen kleinen Orts Anzy-le-Duc ausgestellt.

Oben
Detailansicht des Portals der Kathedrale Saint-Lazare in Autun.

Links
„Die Versuchung Evas", dem Bildhauer Gislebert zugeschriebenes Flachrelief.

Oben rechts
Der Kirchturm der Kathedrale Saint-Lazare in Autun.

Die Kathedrale Saint-Lazare in Autun (Saône-et-Loire)

Das Portal der Kathedrale Saint-Lazare ziert ein um 1135 entstandenes Tympanon. Dieses Meisterwerk der romanischen Kunst, auf welchem das Jüngste Gericht dargestellt ist, wurde von einem der wenigen Bildhauer angefertigt, die uns ihren Namen hinterließen: Gislebert. Die im 12. Jh. nach kluniazensischem Vorbild erbaute Kirche besticht durch ihre reinen Linien und vielen Kapitelle. Im Kapitelsaal befinden sich weitere Kapitelle, die aus dem Querschiff und dem Chor stammen. An einem zu recht berühmten sind die schlafenden Heiligen Drei Könige zu sehen. Ein Engel weckt die Schlafenden und zeigt ihnen den Stern am Bettende. Ein weiteres Prachtstück erwartet den Besucher im Rolin-Museum: Auf dem zufällig wiederentdeckten Giebelsims des Nordportals ist die nackte, halb auf dem Boden ausgestreckte Eva dargestellt. Ihr Arm fasst ahnungslos nach hinten, um die verbotene Frucht zu ergreifen: die Versinnbildlichung selbst der Mensch gewordenen Frau und Krönung der romanischen Bildhauerkunst. Zweifelsohne liegt Adam nicht weit von hier in einem Haus von Autun verborgen und wartet darauf, entdeckt zu werden.

Oben
Die Basilika Sainte-Madeleine in Vézelay.

Unten
Die Apsis der Basilika Sainte-Madeleine in Vézelay.

Die Basilika Sainte-Madeleine in Vézelay (Yonne)

Der Bau der Basilika Sainte-Madeleine in einmalig bezaubernder Lage auf einer Anhöhe ist unmissverständlich als Glaubensakt zu verstehen. Ob sie wirklich seit dem 10. Jh. die Reliquien der Hl. Maria Magdalena verwahrt, sei dahin gestellt. Jedenfalls ließ der Kult um ihre Gebeine ein einflussreiches Kloster entstehen. Die im 12. Jh. erbaute und im 19. Jh. von Viollet-le-Duc restaurierte Kirche hat etwas von einem ge-

Oben
Am großen Tympanon im Narthix von Vézelay wird, einmalig für die romanische Baukunst, das Thema von Johannes dem Täufer aufgegriffen, der das Mysterium der Kirche erläutert. Weit entfernte, bisweilen mythische Völker bringen die apostolische Funktion zum Ausdruck.

Oben
Ein Kapitell von Vézelay, auf dem Imker dargestellt sind.

strandeten Schiff voller Anmut. Das möglicherweise von Gislebert aus Autun angefertigte große und für die romanische Kunst ungewöhnliche Tympanon (von byzantinischem Einfluss?) zeigt, wie Christus majestätisch die Apostel aussendet, alle Völker zu bekehren. Seine Beine treten hervor wie Blitze, seine Gewänder umhüllen ihn wie Wirbel. Beim Betreten des Kirchenraums wird dem Besucher die vom Baumeister gewollte Lichtmystik bewusst. An den Gurtbogen des Längsschiffs wechseln sich – einmalig in der Bourgogne – weiße und grüngräuliche Steine ab und lassen an Spanien denken. Die 99 Kapitelle greifen biblische Themen und teilweise keltische Legenden auf. Hier an diesem wichtigen Wallfahrtsort auf dem Jakobsweg rief der Hl. Bernhard zum zweiten Kreuzzug auf. Die Abteikirche und der Stadthügel von Vézelay wurden 1979 und 2007 zum Weltkulturerbe der UNESCO erklärt.

der Kreuzgang, der Kapitelsaal, die großen Keller- und Vorratsräume und das Refektorium. Die Abtei beherbergt ein der romanischen Baukunst gewidmetes Forschungszentrum.

Links
Die prächtige Fassade der Basilika von Vézelay.

Unten
Das Mittelschiff der von Mönchen gegründeten Klosterkirche in Tournus. Über eine kleine Treppe gelangt man zu einer imposanten Kapelle.

Die Abtei Saint-Philibert in Tournus (Saône-et-Loire)

Von Wikingern von der Insel Noirmoutier vertriebene Mönche ließen sehr früh in Tournus ein Kloster entstehen, das sich zu einer wohlhabenden Abtei entwickelte. Ihr Bau begann im Frühmittelalter in mehreren Etappen. Das heutige Bauwerk geht auf das 11. Jh. und 12. Jh. zurück. Bei der Restaurierung der dem Hl. Philibert geweihten Klosterkirche wurde ein schönes Mosaik freigelegt. Die festungsähnliche Fassade aus dem Jahre 1000 zeugt von italienischem und katalonischem Einfluss wie beispielsweise die lombardischen Wandbogen. Die frühromanische Krypta und die kirchengroße Kapelle verleihen dem Bauwerk, das als Vorreiter der burgundischen romanischen Baukunst angesehen werden kann, eine für die Bourgogne originelle Note. In der ehemaligen Wärmestube der Mönche (Calefactorium) ist heute eine Steinsammlung ausgestellt. Besonders eindrucksvoll sind

Oben

Detailansicht vom Tympanon der Kirche Saint-Julien-de-Jonzy im Landstrich Brionnais.

Die Kirche Saint-Etienne in Nevers (Nièvre)

Die im ausgehenden 11. Jh. durch kluniazensische Mönche erbaute Kirche Saint-Etienne geht vermutlich auf ein Frauenkloster zurück, das um 610 durch einen Iren, den Hl. Colomban, gegründet wurde. In diesem formvollendeten Bauwerk kommen romanische Einflüsse aus dem Burgund und der Auvergne zusammen.

Oben

Die Kirche Saint-Etienne in Nevers.

Sakrale Bauwerke im Brionnais-Gebiet (Saône-et-Loire)

Das von einigen Wäldern überzogene Weidegebiet Brionnais im Süden der Bourgogne liefert den hiesigen romanischen Kirchen eine idyllische Kulisse. Cluny und Paray-le-Monial sind nicht weit. So beteiligten sich oftmals die selben Handwerkstätten am Bau dieser Kirchen, ob in Charlieu oder anderswo. Der dreistöckige, achteckige Kirchturm von Anzy-le-Duc aus ockerfarbenem Naturstein mutet toskanisch an. Die wunderschön verzierten Kapitelle der Kirche, darunter Ungeheuer, Fratzen und ein Akrobat, scheinen nicht auf homerische oder heilige Texte anzuspielen, wie man lange Zeit annahm, sondern ein Werk überlieferter keltischer Inspiration zu sein. In Montceaux-l'Etoile ist auf einem Sturz der zum Himmel fahrende Christus zu sehen. Das einfache Volk sieht ihm mit bedauerndem Blick zu. Das Tympanon der Kirche Saint-Julien-de-Jonzy zeigt das Abendmahl, die Kirche von Varennes-l'Arconce einen Schützen und einen Greif. Weitere sehenswerte Kirchen in malerischer Lage sind Saint-

Oben

Der hohe achteckige Kirchturm von Anzy-le-Duc im Brionnais zeugt von lombardischem Einfluss.

Links

Eva im Rolin-Museum von Autun: ein Werk des Bildhauers Gislebert.

Links
Das Tympanon der Kirche von Semur-en-Brionnais liest sich wie ein Bilderband: Links auf einem Kinderstuhl sitzt der Hl. Hilarius, der von den anderen Bischöfen im Konzil von Seleucia (359) verstoßen wurde, und wird von einem Engel auf den Ehrenplatz gerufen.

Hilaire in Semur-en-Brionnais, die Kirche von Iguerande und Châteauneuf (11. und 12. Jh.). So bedeckte sich die Bourgogne zu Beginn des neuen Jahrtausends mit einem „weißen Mantel aus Kirchen“, wie es der Mönch Raoul Glaber in seiner Chronik niederschrieb.

Unten Die Kirche von Semur-en-Brionnais.

Oben Anlässlich der Feier zum 900jährigen Bestehen des Klosters Notre-Dame von Cîteaux (1998) wurde das Bibliothekgebäude nebst Kreuzgang (13. bis 16. Jh.) vollständig restauriert und Besuchern zugänglich gemacht.

Charlieu

Charlieu befindet sich im Loire-Département und somit nicht in der Bourgogne, doch unterliegt der Ort dem Einfluss des nicht weit entfernten Cluny. An seinem Kloster aus dem 11. Jh. und dessen Ruinen sind sämtliche Merkmale der burgundischen Romanik wiederzufinden.

Asquins

Obwohl die Kirche von Asquins am Fluss La Cure im Landstrich Avallonnais (Yonne) 1998 von der UNESCO in die Weltkulturerbeliste aufgenommen wurde, findet sie kaum in Fremdenführern Erwähnung. Sämtliche Pilger, die sich in Vézelay versammelten, machten hier auf ihrem Wege nach Santiago de Compostela Halt.

Der religiöse Eifer von Cîteaux

Die Baukunst zum Ruhme Gottes nimmt ihren Fortlauf und führt im 12. Jh. zu einer regelrechten Revolution. Wieder einmal ist es das Burgund (und diesmal Cîteaux), von dem der neue Elan ausgeht.

Im 11. Jh. gründet der Benediktinerabt Robert im Landstrich von Châtillon das Kloster von Molesmes. Im Jahre 1098 erhält er im Sumpfgebiet zwischen Côte d'Or und Saône-Tal eine Länderei und beschließt, dort „ein neues Kloster" zu gründen. Unter ausgesprochen harten Bedingungen machen sich eine Handvoll Mönche an die Arbeit, das Kloster von Cîteaux zu errichten, dessen Name auf das französische Wort *Cistel* (Schilf) zurückgeht.

Diese Mönche, deren Alltag von Armut, strenge Askese, Gebet und Arbeit geprägt ist, fertigen einige Jahre später Manuskripte an, die zu den schönsten des 12. Jh. gerechnet werden. Aus ihren beeindruckenden Zeichnungen und Buchmalereien geht hervor, dass sie die weltlichen Arbeiten ihrer Zeit nicht verabscheuten und sich als Weinleser, Holzfäller und Jäger betätigten. Cîteaux erlebt eine entscheidende Wende, als im Jahre 1112 der spätere Heilige Bernhard von Clairvaux von Schloss Fontaine bei Dijon in Begleitung von etwa 20 jungen Adeligen und einigen Familienmitgliedern in das Kloster eintritt. Die Zisterzienser, die nach ihrer weißen Tracht unter den schwarzen Kutten auch „weiße Mönche" genannt werden, prägen die christliche Welt wie zuvor die „schwarzen Mönche" von Cluny.

Oben
Außenansicht der ehemaligen Bibliothek des Klosters Notre-Dame von Cîteaux.

Zu Beginn des 12. Jh. entwickelt sich Cîteaux mit 343 Abteien in nur wenigen Jahrzehnten zum einflussreichsten Orden, der bis zu seinem Höhepunkt von Schottland bis zum Gelobten Land und von Portugal bis Litauen auf 762 Zisterzienserklöster anwächst. Dieser erstaunliche Elan ist in hohem Maße Bernhard zu verdanken, der wie kein anderer seine Zeit nachhaltig beeinflusst. Er konkurriert mit Cluny, bekämpft den „rationalistisch" denkenden Pierre Abélard, geißelt Rom, ruft zu Kreuzzügen auf, predigt gegen die Katharer, berät politische Machthaber, gründet mehrere Klöster, darunter Clairvaux, dem er als Abt vorsteht, und hinterlässt ein bedeutendes Schriftwerk, für das er posthum den Titel *doctores ecclesiae* erhält.

Die Botschaft von Cîteaux tritt im nackten Stein und in der absoluten Schlichtheit zu Tage, die bis heute in unzähligen Klöstern in ganz Europa, so auch im burgundischen Zisterzienserkloster Fontenay zu beobachten ist. Tympana und Kapitelle fordern nun nicht mehr mit Geschichten und Legenden die Phantasie und Aufmerksamkeit des Betrachters, sondern begnügen sich mit einfachen Pflanzenmotiven. Diese Lauterkeit prägt nachhaltig die christliche Welt. Die Jahrhunderte vergehen und die weltliche Macht gewinnt die Überhand. Doch der Orden überlebt. In Frankreich wie z. B. in La Trappe, Aiguebelle, Sept-Fons, Tamié und Mont-des-Cats finden Trappisten und Trappistinnen im Orden der Zisterzienser der strengen Observanz zusammen: das Mutterkloster ist Cîteaux, der Generalabt lebt in Rom. Auf Initiative der Mönche von der Inselgruppe Iles de Lérins entsteht ein eigener Zweig: der Orden der Zisterzienser der allgemeinen Observanz, der Kongregationen in zahlreichen Ländern angeschlossen ist. 1998 fanden sich zur Feier des 900jährigen Bestehens von Cîteaux Äbtissinnen und Äbte aus aller Welt im Kloster ein. Heute zählt der Orden in beiden Zweigen 315 Männer- und Frauenklöster mit 4.000 Mönchen und Nonnen.

Die Abtei von Cîteaux (Côte-d'Or)

Im Zuge der Französischen Revolution wurde die Abtei Notre-Dame von Cîteaux zwischen Dijon und Seurre enteignet und aufgelöst. Die Kirche, die die Gräber der ersten burgundischen Herzöge enthielt, wurde zerstört. Um einen geplanten aber niemals fertig gestellten Kreuzgang wurde ein großer Flügel neu aufgebaut. Einige ursprünglichen Gebäude sind erhalten, viele Schätze jedoch wurden geplündert. Heute befinden sich die Manuskripte aus dem 12. Jh. in der Bibliothek von Dijon und das Grabmal des burgundischen Hofbeamten Philippe Pot im Louvre. Der Weinberg Clos de Vougeot blieb immerhin ganze 700 Jahre im Besitz der Zisterzienser. Im Laufe der Zeit diente Cîteaux als Fabrik und „Lager für minderjährige Sträflinge". Ab 1815 kehrten die Zisterzienser nach Frankreich zurück. Dank einer großzügigen Spende konnten sie im Jahre 1898 ihr Mutterkloster erneut beziehen. Bis heute leben hier die Mönche in diskreter Zurückgezogenheit.

Vor einigen Jahren wurde das Gästehaus modernisiert, das jedermann offen steht, und ein Besichtigungsparcours eingerichtet. Dieser umfasst eine bemerkenswert restaurierte Bibliothek (13. bis 16. Jh.), den Novizensaal, einen Souvenirladen mit selbst hergestellten Produkten und Erzeugnissen, wie den aus Kuhmilch hergestellten berühmten Käse von Cîteaux, sowie ein Dokumentationszentrum über die Werke von Zisterziensern. Das Herzstück bildet die 1998 auf den Fundamenten einer Kapelle aus dem 19. Jh. neu errichtete Kirche, in der sich die Bruderschaft, die heute aus etwa 40 Mönchen besteht, täglich ab 4.00 Uhr morgens zur Messe und zum gemeinsamen Gebet einfindet.

Das Kloster La Ferté (Saône-et-Loire)

Diese erste im Jahre 1113 gegründete Tochterabtei von Cîteaux unweit von Chalon-sur-Saône wurde im Zuge der Französischen Revolution aufgelöst. Erhalten werden konnte das imposante klösterliche Wohngebäude, das zwischen dem 17. und 18. Jh. entstand.

Das Kloster Pontigny (Yonne)

Diese zweite Tochterabtei von Cîteaux, die im Jahre 1114 unweit von Chablis entstand, fand umgehend großen Anklang (bis zu 400 Mönche). Die ältesten Gebäude stammen aus dem 12. Jh. Namhafte Persönlichkeiten aus England und Canterbury wie z. B. Thomas Becket, Etienne Langton und Edmund Rich verweilten hier – oftmals im Exil. Nach seiner Auflösung im Zuge der Revolution mauserte sich das Kloster zwischen 1905 und 1940 zu einem Ort, an dem Paul Desjardins die Elite des europäischen Geistes anlässlich seiner *Dekaden von Pontigny* versammelte: André Gide und André Malraux, T.S. Elliot und Thomas Mann. Seitdem das Kloster durch den Regionalrat der Bourgogne aufgekauft wurde, blieben die Nebengebäude ungenutzt. Die Klosterkirche besticht durch ihre imposanten Abmessungen und ihre herausragende zisterzienserische Architektur.

Unten

Die auf den Fundamenten einer Kapelle aus dem 19. Jh. neu gestaltete Kirche (1998) des Klosters Notre-Dame von Cîteaux.

Das Kloster Fontenay (Côte-d'Or)

Fontenay im Landstrich von Montbard wurde 1118 als Tochterkloster von Clairvaux durch den Heiligen Bernhard gegründet. 1981 und 2007 wurde es zum Weltkulturerbe der UNESCO erklärt. Der Ort, die Gebäude und der Geist von Fontenay bilden zusammen das älteste zisterziensische Zeugnis, das nahezu unbeschadet die Jahrhunderte überlebte. Das bis zur Revolution von Mönchen bewohnte Kloster wurde von der Familie Aynard bemerkenswert gepflegt und restauriert. Sämtliche Bestandteile der Klosteranlage sind erhalten: Kirche, Schlafsaal, Kapitelsaal, die Schmiede aus dem 12. Jh., das Landhaus aus dem 17. Jh. des Kommende-Abts, der Brunnen, das Wildwasserbecken und die Gärten. Vollkommen verlassen scheint das bezaubernde Bauwerk in einer Talmulde am

Oben
Der Kreuzgang des Klosters von Fontenay.

Ganz oben
Die Kirche des Klosters von Fontenay: Die absolute Schlichtheit des Bauwerks bricht mit den reich verzierten Tympana und Bogenstürzen.

„Ende der Welt". An diesem abgeschiedenen Ort des Schweigens, an dem das Licht den schlichten Steindekor besonders gut zur Geltung bringt, drehte Jean-Paul Rappeneau die Schlussszene seines Films *Cyrano de Bergerac*.

Weitere Sehenswürdigkeiten von Zisterziensereinfluss

Das Schloss Clos de Vougeot (Côte-d'Or), dem eine wichtige Rolle im hiesigen Weinbau zufällt. In unmittelbarer Nähe das zu einem Hotel umgebaute Schloss von Gilly-lès-Cîteaux (Gebäude aus dem 17. Jh., Landsitz der Äbte von Cîteaux; gotischer Weinkeller aus dem 15. Jh., Kirche aus dem 14. Jh.). Das zum Kloster Pontigny (12. Jh.) gehörende Nebengebäude Petit Pontigny in Chablis (Yonne), in dem Weine des hiesigen Weinbaugebiets zum Verkauf ausstehen. In Dijon das mitten in der Stadt gelegene frühgotische klösterliche Gebäude Cellier de Clairvaux (frühes 13. Jh.).

Oben und links
Die Klosterkirche und die Statue der Jungfrau Maria von Fontenay. „Was ist Gott?"; fragte der Hl. Bernhard. „Er ist Länge, Breite, Höhe und Tiefe." Davon scheint sich die Architektur des Bauwerks zu inspirieren, dessen Tiefe allein von göttlicher Eingebung zeugt.

SACADE

Die Gotik des Burgunds

Nach und nach vollzieht die sakrale Baukunst in vielen aber nicht allen Teilen der Bourgogne ihren Wechsel zur Gotik. So setzen die Zisterzienser bereits ab Mitte des 12. Jh. für die Kirche des Klosters Pontigny Kreuzrippengewölbe ein. Auch der Chor von Vézelay ist ein frühgotisches Werk. Durch den oftmals praktizierten Um- und Wiederaufbau sind an vielen Kirchen und Klöstern verschiedene Stilströmungen auszumachen. Die Kathedralen von Sens und Auxerre im Nordwesten der Region sind die einzigen, die durch ihre imposanten Fassaden und gewaltigen Kirchenschiffe an die monumentale Baukunst der Regionen Champagne und Ile-de-France erinnern.

Ab dem 13. Jh. setzt sich die Gotik in den Städten und bisweilen unter dem Einfluss der Champagne durch. Die Bauten von durchschnittlicher Größe zeugen durchweg von Eleganz, so auch in Semur-en-Auxois und Clamecy. Manche Bauwerke wie die Kirche Notre-Dame in Dijon bestechen durch ihre Originalität. In der Tat entstehen zu jener Zeit in kleineren Orten wie Saint-Seine-l'Abbaye, Saint-Père-sous-Vézelay und Varzy beeindruckende Kirchen, darunter einige erstaunliche Exemplare wie die im Landkreis Auxois mitten auf dem Land gelegene Kathedrale von Saint-Thibault mit ihrem bemerkenswerten Chor. Kennzeichnend für die Baustilentwicklung des späten 13./frühen 14. Jh. ist die Klosterkirche Saint-Bénigne in Dijon. Das Bauwerk von monastischer Bestimmung und schlichtem Dekor besitzt bereits die Abmessungen der späteren Kathedrale.

Links

Den Pfeiler des Mittelportals der Kathedrale von Sens ziert die Statue des von der Revolution verschonten Hl. Stephanus, der eine phrygische Mütze trägt.

Linke Seite

Die Kathedrale Saint-Etienne in Sens.

Die Kathedrale Saint-Etienne und das erzbischöfliche Palais von Sens (Yonne)

Saint-Etienne ist die erste große gotische Kathedrale, deren Bau sich zwischen dem 12. und 16. Jh. erstreckt. Neben der Errichtung der imposanten Fassade durchlebt das Bauwerk ab 1130 mehrere Phasen, an welchen die Entwicklung des gotischen Baustils bis hin zum spätgotischen Querschiff (um 1500) abzulesen ist. Der Einfluss von Saint-Etienne macht sich an zahlreichen Bauwerken von Jerusalem bis Canterbury bemerkbar. Saint-Etienne unterscheidet sich in vielen Aspekten von der etwa zur selben Zeit entstandenen Kathedrale Saint-Denis nahe Paris. Ihr skulpturaler Dekor wurde zwar in den Revolutionsjahren beschädigt, doch zeugt insbesondere das Mittelportal, an dem unter anderem geometrische Motive und die sieben Fächer des mittelalterlichen Universitätsunterrichts dargestellt sind (um 1200), von großem bildhauerischen Interesse.

Das erzbischöfliche Palais umfasst das Palais (um 1235), das Offizialat (Gerichts-

behörde und Gefängnis), den Konzilsaal, die Gebäudeflügel François I. und Henri II., das renovierte Museum und die Schatzkammer.

Die Kathedrale Saint-Etienne von Auxerre (Yonne)

Das gotische Bauwerk aus der Mitte des 13. Jh. geht auf eine romanische Kirche (Mitte 11. Jh.) zurück. Von dieser ist eine

Oben und links

Die Kathedrale von Sens: Portal und Glasmalerei (12. Jh.), die den barmherzigen Samariter zeigt.

bemerkenswerte dreischiffige Krypta mit Fresko erhalten, das Christus zu Pferde zeigt. Bei diesem nicht gerade überdimensionalen Bauwerk handelt es sich um ein ausgesprochen harmonisches Gefüge, obwohl es im Laufe der Zeit zahlreiche Beschädigungen und Umbauten erlitt. Die Skulpturen aus dem 13. und 14. Jh. greifen Szenen aus der Mythologie und der Bibel auf. So sind hier z. B. Darstellungen von Herkules neben Adam und Eva nicht ungewöhnlich. Der um 1230 errichtete Chor ist ein Musterbeispiel der Spitzbogenarchitektur. Das Tabernakel und die wunderschönen Glasmalereien mit Bildnismedaillons lassen an den prächtigen Dekor von Bourges und Chartres denken.

Die Stiftskirche von Clamecy (Nièvre)

Die im 19. Jh. durch Viollet-le-Duc restaurierte Stiftskirche Saint-Martin (13. Jh.) ist ein Musterbeispiel der Bildhauer- und Steinmetzkunst. Besonders eindrucksvoll sind die 32 Szenen, die das Leben von Sankt Martin darstellen. In der Kirche herrscht der spätgotische Stil vor.

Varzy (Nièvre)

Charakteristisch für die Hochgotik des Nivernais-Gebiets ist die im Jahre 1280 fertig gestellte Kirche Saint-Pierre, die eine beachtliche Sammlung von Reliquienschreinen besitzt.

Montréal-sur-Serein (Yonne)

In diesem malerischen Dorf erinnert eine durch Viollet-le-Duc restaurierte ehemalige Stiftskirche an die „schlichten" Anfänge der Gotik. Von beeindruckender Kunstfertigkeit zeugt das von den Brüdern Rigolley im Jahre 1526 geschnitzte Chorgestühl mit seinen aufschlussreichen biblischen Szenen und Alltagsszenen des 16. Jh.

Saint-Seine-l'Abbaye (Côte-d'Or)

Diese Kirche im Stil der burgundischen Gotik entstammt einem um 1235 errichteten Benediktinerkloster, das in Folge mehrmals umgestaltet wurde. Dem aufmerksamen Betrachter entgeht gewiss nicht die Schnecke, die sich im üppigen Weinrankendekor des Portals versteckt.

Oben

Die Kathedrale Saint-Etienne in Auxerre. Der Südturm wurde niemals fertiggestellt.

Saint-Père-sous-Vézelay (Yonne)

Als wahres Juwel der burgundischen Gotik ist die Kirche Saint-Père zu bezeichnen. Die Skulpturen des schön verzierten Turms aus dem frühen 13. Jh. stellen die Tugenden und Laster dar. Auf dem von Prosper Mérimée gerühmten Giebel sind Christus und der Hl. Stephanus, die Jungfrau Maria und der Hl. Petrus, Maria Magdalena und der Hl. Paulus abgebildet.

Saint-Thibault (Côte-d'Or)

Die ungewöhnliche, reich ausgeschmückte Kirche von Saint-Thibault in der Auxois-Region, die im 19. Jh. das Interesse von Prosper Mérimée weckte, bleibt ein Rätsel. Sie besitzt die Apsis einer großen gotischen Kathedrale, ein bescheidenes Mittelschiff und einen Kirchturm aus späterer Zeit. Ihre von Viollet-le-Duc restaurierte Chorapsis ragt in vier Stockwerken zum Himmel auf.

Oben und rechts
Die Kirche Saint-Père-sous-Vézelay. Der Turm stammt aus dem frühen 13. Jh. Laut Prosper Mérimée „wird die Schönheit des Giebels von Vézelay seiner beindruckenden Größe gerecht". In der Mitte sind Christus und der Hl. Stephanus zu sehen, eingerahmt zwischen der Jungfrau Maria, dem Hl. Petrus, Maria Magdalena, dem Hl. Paulus und weiteren Aposteln.

Oben
Malerisches Ambiente am Place de la Petite-Etape-aux-Vins und in der Rue du Poids-du-Roy in Noyers-sur-Serein (Yonne). Die entzückende Stadt besitzt zahlreiche Häuser aus dem 15. und 16. Jh.

Links
Die Kirche Notre-Dame in Semur-en-Auxois.

Noyers-sur-Serein, wahres Kleinod in idyllischer Lage

Im Süden des Départements Yonne liegt „weltabgeschieden" das entzückende Städtchen Noyers-sur-Serein, das zur Besichtigung seiner sehenswerten Altstadt lädt: Fachwerkhäuser und Arkaden aus dem 15. und 16. Jh., spätgotische Kirche mit Elementen der Früh-Renaissance, Stadttor, Kreuzigungsgruppe und Festungswall bilden ein architektonisches Gefüge, das sämtliche Baustile vom Mittelalter bis zum 18. Jh. vereint. Selbst das Waschhaus erstrahlt fein säuberlich wie ein Denkmal in diesem vom Massentourismus verschonten, malerischen Ort. ■

Semur-en-Auxois (Côte-d'Or)

Die schlanke Kirche Notre-Dame, deren Bau 1225 in Angriff genommen wurde, kombiniert Merkmale der Früh-, Hoch- und Spätgotik. Sie war im Wechsel Stifts-, Priorats- und Pfarrkirche.

Das Epos der burgundischen Herzöge

Linke Seite
Die bunten Dächer des Hospiz von Beaune erinnern an die prächtigen Herbstfarben der Weinberge.
Unten
Das Hochgrab von Philipp dem Kühnen und Johann Ohnefurcht
(Musée des Beaux-Arts von Dijon).

Im 14. und 15. Jh. entfalten sich in Europa um die abendländischen Großherzöge die burgundische Kunst und Zivilisation. Nichts vermag diese Epoche besser zu verkörpern als der Orden vom Goldenen Vlies.

Die Herzöge aus dem Hause Valois

Durch den Tod im Jahre 1361 des 19jährigen, an der Pest erkrankten, burgundischen Herzogs Philippe de Rouvres geht die 300jährige Herrschaft des Herzogsgeschlechts der Kapetinger zu Ende. Die Lage ist düster: Kriegszüge und Epidemien verwüsten das Land. Johann der Gute, König von Frankreich, erhebt mit Erfolg Anspruch auf das Herzogtum, das keinen direkten Nachkommen vorzuweisen hat, und überträgt es 1363 seinem Sohn Phi-

Oben
Das herzogliche Palais des Ducs et des Etats de Bourgogne in Dijon.

lipp, der sich durch den Sieg in der verheerenden Schlacht bei Poitiers den Beinamen Philipp der Kühne erworben hatte. Einer Legende zufolge assistierte der junge Philipp seinem Vater durch die Rufe: „Vater, gebt acht zur Rechten! Gebt acht zur Linken".

Philipp der Kühne ist der erste von vier burgundischen Herzögen aus dem Hause Valois. Er heiratet Margarete von Flandern, die Witwe des verstorbenen Philippe de Rouvres und reichste Erbin des Kontinents. Nach dem Tod seines Schwiegervaters im Jahre 1384 erhält Philipp die Freigrafschaft Burgund (heutige Franche-Comté), die Regionen Nivernais und Artois, Rethel und das reiche Flandern, in dem die Wirtschaft und der Handel blühen. Ein Jahrhundert hindurch bestimmen die Großherzöge über das Schicksal des Abendlands. Unter ihrer Herrschaft entwickelt sich das Herzogtum Burgund in territorialer, politischer und kultureller Hinsicht zu ungeahnter Blüte.

Der Traum von einem Staat

1404 tritt Johann Ohnefurcht die Nachfolge seines verstorbenen Vaters an. Im Machtkampf um die Leitung der französischen Staatsgeschäfte schreckt er nicht davor zurück, seine Rivalen zu ermorden. Johann Ohnefurcht wird 1419 auf einer Brücke bei Montereau erdolcht. Von seiner Verletzung am Kopf wird später behauptet: „Durch dieses Loch sind die Engländer in Frankreich einmarschiert". Sein bedeutend weiserer Sohn Philipp der Gute herrscht bis 1467 über das Burgund. Von seiner Mutter Margarethe von Bayern erhält er Hennegau, Holland und Seeland, durch seinen Vetter Philipp von Saint-Pol wird er Herrscher über Brabant, Limburg und Luxemburg. Damit erreicht die burgundische Macht ihren Höhepunkt. Philipp der Gute verbündet sich mit den Engländern im Kampf gegen den französischen Thronfolger. Das Burgund zieht gegen Armagnac zu Felde und nimmt Jeanne d'Arc gefangen. Als sich Philipp später der französischen Seite anschließt, erhält er im Gegenzug Bar-sur-Seine, Auxerre und Mâcon.

Sein Sohn Karl der Kühne setzt die burgundische Unabhängigkeitspolitik von 1467 bis zu seinem Tod im Jahr 1477 fort. Erfolglos bleibt sein Versuch, sich in Trier durch den Kaiser zum König krönen zu lassen. Er versucht, das Lothringen und das Elsass zu erobern und erleidet in der Schweiz bei Grandson und später bei Murten eine schwere Niederlage. Karl fällt in der Schlacht von Nancy.

Zwischen 1364 und 1477 entsteht unter den vier Herzögen aus dem Hause Valois nach und nach ein Staat zwischen Kaiser- und Königreich: das Lotharingien, der alte Traum eines Sohns Karls des Großen. Offensichtlich fühlen sich die burgundischen Herzöge von den reichen und mächtigen „niederländischen“ Regionen wie Flandern, Hennegau, Brabant, Luxemburg und Artois angezogen und durch geschichtliche Umstände in Brüssel, Mecheln, Brügge, Gent und Antwerpen heimischer als in Beaune oder Dijon. Für die Flämisch sprechenden Herzöge ist die Hauptstadt Dijon eine Art „Zuhause“. Denn hier werden sie geboren, aufgezogen und begraben, kennen sie die verborgensten Winkel von der Dachkammer bis zum Keller. Zum Glück: Denn während die über das aufkeimende Freiheitsstreben verstimmten Herzöge in Flandern rückhaltlos plündern und brandschatzen, gefallen sie sich in Dijon in ihrer Rolle als Mäzen.

Der burgundische Traum

Vom Jura-Gebirge bis zu den Poldern Frieslands, von den Macônnais-Weinstöcken bis zu den Dünen bei Den Helder, vom Saône-Ufer bis nach Antwerpen und von der Rhône-Niederung bis nach Seeland verwirklicht die Bourgogne einen Traum, der bisweilen ihre Vorstellungskraft übersteigt und den sie niemals vollkommen zu entschlüsseln vermag. Mit angehaltenem Atem vernehmen die Burgunder, wie Karl der Kühne in Dijon (wo er zeit seines Lebens gerade mal eine Woche verweilt) öffentlich seinen Wunsch nach einem großburgundischen Königreich kundtut. Eine Anspielung auf das flüchtige Lotharingien sechs Jahrhunderte zuvor. Der burgundische Traum liegt in der Liebfrauenkirche von Brügge begraben. Neben dem Kenotaphen Karls des Kühnen ruht seine Tochter Maria von Burgund, die mit Maximilan von Österreich vermählt war. Nach ihrem frühen Tod erhält dieser die Freigrafschaft, die Region Artois und die Niederlande. Mit Karl V. fällt ihr Erbe an Österreich, Frankreich und Spanien.

Oben
Skulpturaler Dekor am Palais des Ducs et des Etats de Bourgogne.

Ludwig XI. verleibt das, was von der Bourgogne übrig bleibt, seinem Königreich ein. In der weiteren Geschichte ist, abgesehen von einer pervertierten Version unter den Nazideutschen im Zweiten Weltkrieg, niemals mehr die Rede von einem „freien Burgund“. Vielmehr bleibt vom burgundischen Traum ein prospektiver Ansatz in Richtung kontinentale Einheit. Diesen Gedanken greift im 20. Jh. wiederholt Erzherzog Otto von Habsburg-Lothringen auf, ein Nachfahre von Maria von Burgund und Verfechter der europäischen Idee. Denn in der Tat ist die Bourgogne von Philipp dem Guten ein Geflecht aus verschiedenen Nationen, Kulturen und Sprachen, die in gutem Einvernehmen miteinander harmonieren.

Unten
Der prächtige Treppenaufgang im Palais des Etats von Dijon, ein Werk des königlichen Architekten Jacques Gabriel (1733-1738).

Oben
Am Square des Ducs hinter dem Rathaus von Dijon steht die Statue von Philipp dem Guten des Bildhauers Henri Bouchard (1930er Jahre).
Rechts
In Dijon ruft der Turm Philippe-le-Bon (1443) den Ständen des Burgunds in Erinnerung, was sie dem Epos der abendländischen Großherzöge zu verdanken haben.

Der Orden vom Goldenen Vlies

Der von Philipp dem Guten am 10. Januar 1430 in Brügge anlässlich seiner Vermählung mit Isabella von Portugal gestiftete Orden vom Goldenen Vlies ist zusammen mit dem englischen Hosenbandorden einer der wenigen Ritterorden, die bis heute fortleben. Das ursprüngliche Ziel dieses Ordens ist ebenso religiös wie politisch: den Hochadel aller burgundischen Regionen durch einen Treueid in einem Bund zu vereinen. Da Jason durch seinen Verrat an Medea als christlicher Held nicht in Frage kommt, wird

Oben Trauerfiguren der herzoglichen Grabmäler im Musée des Beaux-Arts von Dijon.

Rechts
An der Kirche Notre-Dame gibt die Turmuhr Jacquemart, die 1382 von Philipp dem Kühnen aus dem Glockenturm von Courtrai entwendet wurde, in Dijon den Takt. Später kamen zum Stundenschläger eine Gemahlin und zwei Kinder hinzu.

die Herkunft des Ordens auf die alttestamentarische Person Gideon zurückgeführt. Die anfängliche Zahl der Ordensritter wächst von 24 auf 30 und schließlich 50 Mitglieder an.

Aus dem Orden gehen durch Maria von Burgund zwei Zweige hervor: ein österreichischer und ein spanischer. Als im Jahre 1700 König Karl II. von Spanien ohne Thronerbe verstirbt, machen sowohl der aus Frankreich stammende neue König Philipp V. von Spanien als auch der österreichische Zweig der Habsburger ihren Anspruch auf das Goldene Vlies geltend. In Spanien wird noch bis heute der Orden durch König Juan Carlos I. in Einvernehmen mit der Regierung an bisweilen nicht katholische Herrscher verliehen, wie z. B. an Kaiser Hiro-Hito, König Hussein von Jordanien oder die Königin Elisabeth von England. Seit 2002 ist Erzherzog Karl Habsburg-Lothringen, Sohn des Erzherzogs Otto von Habsburg, Chef und Souverän des österreichischen Zweigs. Der Orden zählt Mitglieder in zahlreichen europäischen Ländern, verwahrt das Schwurkreuz und die Ordensgrundsätze und versammelte sich erstmals wieder seit 1433 am Andreastag 2007 in Dijon. Bedauerlicherweise wurde der Sitz des Ordens, die Sainte-Chapelle, zu Beginn des 19. Jh. demoliert, um Platz für das Kunstmuseum zu schaffen.

Dijon, Schmelztiegel europäischer Künstler

Die vermögenden Herzöge aus dem Haus Valois und ihr einflussreiches Umfeld bestellen namhafte Künstler in die Bourgogne. So entwickelt sich beispielsweise um Claus Sluter aus Haarlem und seinen Nachfolgern Claus de Werve, Antoine Le Moiturier und Juan de La Huerta aus Aragonien die burgundische Bildhauerschule. Philipp der Kühne gründet in Dijon das Kartäuserkloster Champmol und lässt dort die Kenotaphen der Herzogsfamilie unterbringen. Hier befindet sich ein weiteres bildhauerisches Meisterwerk: der kürzlich restaurierte Mosesbrunnen oder *Puits de Moïse*. Der Prophet soll einem Moses von Michelangelo nachempfunden sein. Die von Trauerfiguren in Form von Ministranten und Mönchen gezierten Grabmäler von Philipp dem Kühnen und Johann Ohnefurcht sind heute mit zahlreichen weiteren Kunstwerken der selben Epoche (z. B. Gemälde *Geburt Christi* von Robert Campin) im Kunstmuseum *Musée des Beaux-Arts* von Dijon ausgestellt.

In Dijon erinnern unzählige Bauwerke an die Ära der Großherzöge, so z. B. die herzoglichen Küchen (1433), der Turm Philippe-le-Bon (1433) am herzoglichen Palais, sowie prächtige Patrizierhäuser aus dem 15. Jh., darunter die Häuser Chambellan, Thomas Berbisey, Morel-Sauvegrain, Millière und der *rue Verrerie*.

Oben
Der Mosesbrunnen oder Puits de Moïse des Bildhauers Claus Sluter.
Foto Emmanuel Pain

Links
Madonna mit Kind aus dem ehemaligen Kartäuserkloster Champmol. Das Werk aus dem späten 14. Jh. wird Claus Sluter zugeordnet.

Germolles

Schloss Germolles in der Nähe von Chalon-sur-Saône war die Lieblingsresidenz von Philipp dem Kühnen und insbesondere seiner Gemahlin Margarete von Flandern. Diese ließ hier Rebstöcke anpflanzen und einen Rosengarten anlegen, aus dessen Blüten in Brüssel Parfüm hergestellt wurde. Claus Sluter beteiligte sich am Dekor dieses herzoglichen Landsitzes.

Nevers

Das erste Loire-Schloss, das der Quelle des Flusses am nächsten liegt, befindet sich in der burgundischen Stadt Nevers. Sein Bau wurde 1464 von Jean de Clamecy, Graf von Nevers und Neffe des Herzogs Johann Ohnefurcht, in Angriff genommen und setzte sich bis zum Jahr 1565 fort. Mit der Geschichte des Bauwerks, das verschiedenen Einflüssen bis hin zur Renaissance unterliegt, sind zwei berühmte Namen verknüpft: Henriette de Clèves und Louis de Gonzague.

Burgundische Meisterwerke in aller Welt

Um sich ein Bild von der burgundischen Kunst zu verschaffen, sollte man sich auf Weltreise begeben: über Belgien bis zum Kunsthistorischen Museum in Wien (Goldenes Vlies), ferner das Historische Museum Bern („burgundische Beute" aus den verlorenen Kriegen Karls des Kühnen gegen die Schweiz), die Museen der nordamerikanischen Stadt Cleveland (vier Trauerfiguren der herzoglichen Grabmäler), Baltimore (eine Vorderseite des Hochgrabs von Pierre de Bauffremont), die Universität von Harvard (gotische Decke aus Dijon), das Museum The Cloisters in New York (Abtei von Moutiers-Saint-Jean), Philadelphia (Kapelle von Pagny-le-Château) und nicht zuletzt der Louvre (Grabmal von Philippe Pot). ■

Oben

Mit Blattgold verzierter Flügelaltar von Jacques de Baerze aus dem Kartäuserkloster Champmol (1391).

Musée des Beaux-Arts in Dijon.

Linke Seite
Der prächtige Innenhof des Hospiz von Beaune.

Oben
Der Armensaal im Hospiz von Beaune.

Das Hospiz von Beaune

Die von einem großen Festungswall mit Bastionen eingefasste Stadt Beaune bezeichnete der Architekt Viollet-le-Duc als einzigen Ort der Welt, an dem man getrost erkranken könne.

Im Jahre 1443 beschloss der ausgesprochen wohlhabende Nicolas Rolin, Berater von Johann Ohnefurcht und Kanzler von Philipp dem Guten, in Beaune und nicht, wie zunächst geplant in seiner Geburtsstadt Autun, ein Hospiz zu errichten. So entstand um einen überwältigenden Innenhof ein wunderschönes Bauwerk mit einem nach typisch burgundischer Manier prächtigen Dach, das in den bunten Herbstfarben der Weinberge leuchtet. Untrennbar mit dem Hospiz verknüpft ist die Gemahlin des Kanzlers Rolin, Guigone de Salins. Im Krankenhaus ist an mehreren Stellen die Devise *Seulle* zu sehen, vermutlich eine Anspielung von Nicolas Rolin auf seine Ehefrau.

Kein anderes Bauwerk bringt die enge Bindung zu Flandern, den kulturellen Austausch, die zivile Baukunst und karitativen Initiativen zur Zeit der Großherzöge besser zum Ausdruck als das Hospiz von Beaune. Das 1451 fertig gestellte Krankenhaus wurde vermutlich von Jacques Wiscrere nach dem Vorbild des nicht erhaltenen Hospizes Saint-Jacques in Valenciennes erbaut. Die ersten Barmherzigen Schwestern, erkennbar an ihren großen, spitz zulaufenden Hauben, stammten aus Valenciennes und Saint-Omer. Einigen mögen diese Schwestern noch aus dem Film *Die große Sause* von Gérard Oury bekannt sein, die sich im Zweiten Weltkrieg den von Bourvil und Louis de Funès gespielten britischen Soldaten barmherzig annehmen. 2006 ging mit der letzten Ordensschwester eine fünf Jahrhunderte alte Ära zu Ende!

Oben

Im Armensaal des Hospiz von Beaune mussten Kranke und Alte oftmals zu zweit ein Bett teilen.

Im Jahre 1805 wurden das Krankenhaus und das Hospiz der Barmherzigen Schwestern zusammen gelegt. Die sogenannten *Hospices de Beaune* verfügten über riesige Ländereien und Weinstöcke, die ihnen im Laufe der Jahrhunderte vermacht wurden und ihnen eine gute Geldeinnahme bescherten. Noch heute sorgt der jährliche Verkauf der erlesenen Weine am 3. November-Sonntag durch das Auktionshaus Christie's für internationales Aufsehen. Mit dem Erlös wird die Pflege des Bauwerks und das an anderer Stelle errichtete neue Krankenhaus (1971) finanziert.

Unter dem schieferbedeckten Vordach mit Glockentürmchen ahnt der Besucher noch nichts von den prächtigen Fassaden und Dächern, die ihn im Innenhof erwarten, wo jedes Jahr ein internationales Barockmusikfestival veranstaltet wird. Im Laufe des 20. Jh. wurden die bunten Dachziegeln nach alten Vorlagen mehrmals ausgewechselt. Nicht bekannt ist, ob es sich um das ursprüngliche Dachziegelmuster handelt.

Der große Armensaal (72 m x 14 m) wurde seit 1946 nicht mehr genutzt. Die Holzbetten, roten Vorhänge, bemalten Balken und der Leidende Christus aus Holz (15. Jh.) lassen bis ins Detail erkennen, wie hier einst Kranke und Alte oftmals zu zweit in einem Bett gepflegt wurden. Hinten im Saal nahe dem Altar befand sich zuvor der Flügelalter, der das *Jüngste Gericht* darstellt und 1975 in einen eigens gebauten Saal verlegt wurde. Das Bild in Öl auf Eichenholz wurde zunächst Van Eyck, dann Hans Memling und schließlich mit Sicherheit Rogier Van der Weyden (Roger de La Pasture) zugeordnet, einem Maler aus der Schule von Robert Campin, der zum Hofmaler des Burgunds avancierte. Sicher ist, dass das Polyptychon um 1445 in Brüssel eigens für die Kapelle des Krankensaals angefertigt wurde und sich seit der Gründung des Krankenhauses hier befindet. Die Holztafeln der Flügelaußen- und Innenseiten wurden 1874 im Louvre getrennt. Die wie ein Tympanon gearbeitete Hauptszene zeigt den Erzengel Michael als Seelenwäger. Mit ausdruckslosem Gesicht weist er den Seligen den Weg zum Paradies, den Verdammten den Weg zur Hölle. Auf der Rückseite sind Nicolas Rolin, der ebenfalls von Van Eyck gemalt wurde (Louvre), und Guigone de Salins zu sehen.

Die Ausstattungen einiger Räume gehen auf das 17. und 18. Jh. zurück. Zu den zahlreichen Sehenswürdigkeiten des Hospizes zählen die vielen Wandteppiche aus Tournai, Brüssel, usw. aus dem 15. und 16. Jh., die Apotheke mit ihren schönen Steingutgefäßen aus Nevers, die Küche und der berühmte Drehspieß-Automat *Maître Bertrand*.

Rechte Seite

Das Jüngste Gericht: der Heilige Michael mit Seelenwaage. Das Polyptychon wurde um 1445 von Rogier Van der Weyden für das Hospiz von Beaune angefertigt.

Oben
Der Jungfrau Maria gewidmete Wandteppiche der Basilika Notre-Dame in Beaune (Tournai, spätes 15. Jh.).
Unten
Die Basilika Notre-Dame in Beaune.

Die Basilika Notre-Dame in Beaune

Diese im 12. Jh. begonnene Kirche für die Stiftsherren von Beaune erinnert an die Kathedrale Saint-Lazare von Autun. Die Wandteppiche aus dem späten 15. Jh., auf welchen das Leben der Jungfrau Maria nachgezeichnet ist, stammen mit Gewissheit aus Tournai und vermutlich vom Künstler Pierre Spicre.

Das Stadthaus der burgundischen Herzöge in Beaune

Zwischen dem 14. und 16. Jh. entstand dieses prächtige Patrizierhaus, das später wie viele andere Herrschaftshäuser dem König als Quartier (fr. *logis du roi*) dienen

Ganz oben

Das im frühen 20. Jh. nahezu komplett erneuerte Schloss von La Rochepot in den Weinbergen Hautes-Côtes de Beaune.

Oben

Das dem Burgunderwein gewidmete Museum im Stadthaus der burgundischen Herzöge von Beaune.

sollte. Georges-Henri Rivière, der Begründer des Volkskundemuseums, ließ hier im Jahre 1946 das erste französische Museum entstehen, das sich dem Weinanbau und dem Burgunderwein widmet.

Schloss La Rochepot

Der Bau dieses Schlosses ab dem 12. Jh. zwischen Beaune und Autun ist vor allem Régnier Pot, dem Kammerherrn von Philipp dem Kühnen und einem der ersten Ritter des Ordens vom Goldenen Vlies, und später seinem Sohn Jacques und seinem Enkelsohn Philippe, einem engen Vertrauten Karls des Kühnen, zu verdanken. Das auf einem Felsen thronende Bauwerk mit seinem typisch burgundischen bunten Ziegeldach ließ der Sohn des Präsidenten der Französischen Republik Sadi Carnot (1926) von Grund auf renovieren.

Das Rolin-Museum in Autun

Das wohl bedeutendste Kunstwerk dieses vornehmlich Nicolas Rolin und seinen Angehörigen zu verdankenden Museums ist das romanische Relief „Eva“ des Bildhauers Gislebert.

Eine tausendjährige Schlossgeschichte

In mehr als 1.000 Jahren entstehen im ländlichen Burgund, sei es aus Gründen der Verteidigung, als Ausdruck eines neuen Lebensstils oder zum Beweis des gesellschaftlichen Ranges, unzählige Burgen, Festungen, Schlösser und Landsitze jeden Alters und Stils. Diese im Laufe der Jahrhunderte oftmals umgestalteten Bauwerke zeugen von einer strengen sozialen Hierarchie und unterscheiden sich deutlich von der sakralen bzw. städtischen zivilen Baukunst. Das umfassende Prachtbau-Aufgebot der Bourgogne liest sich wie ein Bilderbuch und führt den Besucher mitunter an versteckte Orte, wo weit ab der bekannten Touristenattraktionen wahre Kleinode für Überraschung sorgen.

Linke Seite
Die Burg von Posanges vor den Toren der Auxois-Region (Côte-d'Or).

Unten
Berzé-le-Châtel im Nordwesten von Mâcon.

Oben Das Château d'Epoisses, wo sich die Marquise de Sévigné heimisch fühlte.

Die ersten Bollwerke

Die ersten Bollwerke in Form von Türmen aus Holz und später aus Stein kamen im 7. und 8. Jh. auf. Laut Françoise Vignier dienten sie als Residenz und Machtbeweis, Fluchtburg für Bauern und letzte Zufluchtsstätte im Falle kriegerischer Einfälle, wobei natürlich nach den herrschenden Machtverhältnissen in den verschiedenen burgundischen Landstrichen zu differenzieren ist.

So entstanden auf leicht zu verteidigenden Anhöhen die ersten Burgen des Frühmittelalters, die je nach Rang der zu schützenden Person eine bzw. mehrere Ringmauern besaßen.

Berzé-le-Châtel (Saône-et-Loire)

Die Burg Berzé-le-Châtel im Landkreis Mâconnais geht auf die Karolingerzeit zurück. Vom ursprünglichen Bauwerk ist eine unterirdische Kapelle (?) erhalten, die trotz wiederholter Umgestaltung und teilweiser Zerstörung ihre Pracht von einst wahren konnte. In unmittelbarer Nähe wartet die kluniazensische Hochburg Berzé-la-Ville mit wunderschönen Fresken aus dem 12. Jh. auf.

Brancion (Saône-et-Loire)

Zwischen dem Fluss Saône (Tournugeois) und Cluny hält die geschichtsträchtige Festung Brancion dem Betrachter ihren quadratischen, fensterlosen Bergfried entgegen. Auf dieser Anhöhe widersetzten sich die Liga-Anhänger der königlichen Macht. Das malerische alte Dorf besitzt eine bezaubernde romanische Kirche.

Epoisses (Côte-d'Or)

Das mehrmals umgestaltete und wieder aufgebaute Château d'Epoisses in der Auxois-Region bildete bis zum 18. Jh. mit seinem imposanten Festungswall eine Festung. Die Burg war Schauplatz der bewegten burgundischen Geschichte und Politik und nicht zuletzt der Literatur. In der Tat hielt sich hier die Marquise de Sévigné auf, wie eine beeindruckende Sammlung ihrer Schriften und Briefe belegt, und ließ Michel

de Saint-Pierre die Handlung seines erfolgsgekrönten Romans *Aristokraten* spielen.

Mont-Saint-Jean (Côte-d'Or)

Mehrere Ringmauern schützen die drei Burghöfe, darunter den Kirchhof, dieser auf einem Felsvorsprung erbauten wuchtigen Festung in der Auxois-Region. Der Bau dieser lange Zeit unbewohnten Burg wurde im 16. Jh. unterbrochen.

Semur-en-Brionnais (Saône-et-Loire)

Im ländlichen Brionnais befindet sich die älteste Burg des Burgunds. Seit der Vorgeschichte wurde diese Anhöhe besiedelt und fortwährend befestigt. Die zwischen dem 9. und 15. Jh. ausgebaute Festung besitzt noch ihren Bergfried und ihre von zwei Türmen flankierte Ausfallspforte. Hier kam Hugo, der spätere Abt von Cluny, zur Welt.

Oben

Semur-en-Brionnais kann den Titel der ältesten Burg des Burgunds für sich beanspruchen.

Unten

Die Burg von Mont-Saint-Jean.

Oben In der Burg von Chateauneuf-en-Auxois befindet sich eine identische Reproduktion des im Louvre ausgestellten Grabmals von Philippe Pot.

Burgen des Feudalismus (12. und 13. Jh.)

Unter den Lehnsherren entstehen einfachere, nicht immer hoch gelegene Burgen mit und bisweilen ohne Bergfried. Die in der Regel viereckigen Festungsmauern sind mächtig genug, um den relativ simplen Angriffstechniken jener Zeit standzuhalten.

Chateauneuf-en-Auxois (Côte-d'Or)

Das Dorf und die mittelalterliche Burg von Chateauneuf-en-Auxois wahren die Erinnerung an Philippe Pot, von dessen Grabmal eine identische Reproduktion vorliegt (zunächst in Cîteaux, dann im Louvre).

Druyes-les-Belles-Fontaines (Yonne)

Zwischen den Regionen Auxois und Avallonnais bilden vier Türme den typisch viereckigen Grundriss dieser vernachlässigten und im 14. Jh. durch Philipp dem Kühnen wieder aufgebauten Burg mit Turm nebst Portal und Pechnasen.

Ratilly (Yonne)

Auf eine bewegte Geschichte kann diese Burg aus dem 12. Jh. im Landstrich Puisaye zurück blicken. Hier fanden beispielsweise aus Port-Royal fliehende Jansenisten Zuflucht. In der Mitte des 20. Jh. machte die Familie Pierlot das mit Bedacht umgebaute Bauwerk zu einem viel besuchten Zentrum zeitgenössischer Kunst.

Burgen auf dem flachen Land (14. und 15. Jh.)

Die aufkommende Artillerie (Pulver und Geschütze) lässt neue Verteidigungsanlagen entstehen. Die Burgherren sind nunmehr auf Komfort bedacht und suchen nach praktischen Lösungen im Flachland mit großen Gebäuden zur landwirtschaftlichen Nutzung. Gut befestigte Bergfriede ersetzen mehr und mehr die Türme. Die Wohnräume besitzen riesige Kamine aus Stein, Wendeltreppen, usw. Bisweilen wird die Burg durch einen einzigen von Gräben eingefassten Turm geschützt.

Rechte Seite
Die Burg von Ratilly im Landstrich Puisaye.

Oben

Die eindrucksvolle Festung von Chevenon (Nièvre).

Unten links

Die Burg La Motte-Josserand.

Unten rechts

Die bergfriedartige Burg Rosières.

Chevenon (Nièvre)

Diese imposante rechteckige Burg aus dem 14. Jh. ist Guillaume de Chevenon, Hauptmann der Festungsanlage von Vincennes, zu verdanken. Der an den Ecken von vier wuchtigen Rundtürmen flankierte bergfriedartige Bau zählt zu den beeindruckendsten des Nivernais-Gebiets. George Sand nahm sich dieses Bauwerks an und trug zu dessen Rettung im 19. Jh. bei.

Commarin (Côte-d'Or)

Diese Burg aus dem 12. Jh. wurde im 15. Jh. durch einen Kammerherrn von Philipp dem Kühnen und späteren Artilleriekommandanten von Johann Ohnefurcht umgebaut. Im Lauf der Jahrhunderte entstand ein imposantes Bauwerk mit Festungswall. Seit ihrer Gründung im 12. Jh. befindet sich die schöne Burganlage, die mit herrlichen Wandteppichen ausgeschmückt ist, im Besitz der selben Familie. Auf Burg Commarin lebte der burgundische Schriftsteller Henri Vincenot, der in seinem Roman *La Billebaude* seine Kindheit in der Bourgogne schildert.

La Motte-Josserand (Nièvre)

Im späten 14. Jh. entstand im Umland von Donzy diese Burganlage mit typisch viereckigem Grundriss. Sie ist ein perfekt erhaltenes Exemplar der Festungsanlagen jener Zeit.

Posanges (Côte-d'Or)

Vor den Toren der Auxois-Region erreicht man von Dijon kommend diese um 1440 erbaute Burg, die nur von außen besichtigt werden kann. Das Bauwerk von rechteckigem Grundriss mit wuchtigen Ecktürmen und Zugbrücke wurde im 20. Jh. durch einen aus Beaune stammenden Weinhändler restauriert.

Rosières (Côte-d'Or)

Im Grenzgebiet zwischen Burgund und Franche-Comté verkörpert Rosières (1321) die Wiedergeburt des bergfriedartigen Burgenbaus. Der restaurierte stattliche Bau besitzt schöne Dekormalereien aus dem späten 17. Jh.

Oben

Die Burg Commarin in der Auxois-Region. Auf ihren schönen Wandteppichen aus dem 16. Jh. sind Familienwappen, Symbole, Devisen, „Feuerbälle" und Hetzjagdszenen zu sehen.

Oben
Schloss Bussy-Rabutin unweit von Montbard, das ebenfalls in die Literatur des Zeitalters Ludwigs XIV. einging.

Schlösser der Frührenaissance

Bussy-Rabutin (Côte-d'Or)

Unweit von Montbard liegt das imposante Schloss von Bussy, das im 17. Jh. durch den dreisten Memoirenschreiber Roger de Rabutin (Graf von Bussy) zur Berühmtheit gelangte. Das sehr schön restaurierte Bauwerk wurde im 16. Jh. im italienischen Stil umgestaltet. Hier verweilte lange Zeit Bussy-Rabutin, um in seinem burgundischen „Exil" die Intrigen am Versailler Hof und seine Liebesabenteuer für die Nachwelt festzuhalten.

Chailly-sur-Armançon (Côte-d'Or)

Schloss Chailly an der Grenze zur Auxois-Region entstand in der ersten Hälfte des 16. Jh. Sein Grundriss ist dem herzoglichen Palais von Nevers nachempfunden. Das lange Zeit verlassene Bauwerk verwandelten italienische Kapitalanleger in eine prächtige Hotelanlage unweit eines Golfplatzes.

Fleurigny in Thorigny-sur-Oreuse (Yonne)

Diese mittelalterliche Burg im Oreuse-Tal des Sénonais-Gebiets wurde im 16. Jh. im Stil der burgundischen Renaissance wieder aufgebaut. Ihre Renovierung im 19. Jh. unterlag der zu dieser Zeit sehr gefragten englischen Mode.

Oben und rechts

Roger de Rabutin, Graf von Bussy und dreister Memoirenschreiben im Zeitalter Ludwigs XIV. Der herrlich ausgeschmückte goldene Turm zeigt die Porträts angesehener Herren und Damen des Versailler Hofs, versehen mit bissigen Kommentaren und zweideutigen mythologischen Themen.

Nevers (herzogliches Palais)

Zwischen 1464 und 1565 nahmen mehrere Familien, darunter Clamecy, Clèves und Gonzague, den Wiederaufbau des Palais von Nevers in Angriff. Das mittelalterliche Bauwerk wurde im Sinne der italienischen Renaissance (Mantova) umgestaltet und besitzt eine für das Loire-Tal typische Fassade im Stil der Frührenaissance. Die umfassenden Restaurierungsarbeiten des Palais reichen bis ins 19. Jh. zurück.

Schlösser der Hochrenaissance

Ancy-le-Franc (Yonne)

Dieser harmonische Quaderbau bestehend aus vier Flügeln und vier Eckpavillons im Landstrich Avallonnais ist ein Werk der Familie Clermont-Tonnerre, das 1544 begonnen und Mitte des 17. Jh. fertig gestellt wurde. Bei seinem Baumeister handelt es sich vermutlich um Pierre Lescot oder den Italiener Serlio. Das Schloss besitzt wunderschön erhaltene Dekormalereien und

Oben und unten links
Das herzogliche Palais von Nevers. Der mit wunderschönen Basreliefs verzierte Turm wurde im 19. Jh. restauriert.

Links und unten
Das Schloss von Ancy-le-Franc besticht durch schöne Dekormalereien und seine nüchterne Linienführung.

Gemälde, die in den verschiedenen Gemächern, Galerien und in der Kapelle zu bewundern sind (u. a. Galeries de Médée, Chambre des fleurs, Salle des Césars). 1683 ging Schloss Ancy-le-Franc in den Besitz des Ministers Ludwigs XIV., François Michel Louvois, über.

Maulnes (Yonne)

Im Umland von Tonnerre bei Cruzy-le-Châtel liegt verlassen dieses um 1560 entstandene wahre Meisterwerk, das der Gemahl einer Herzogin aus Uzès, Antoine de Crussol, errichten ließ. Der uns nicht bekannte Baumeister (vielleicht Serlio?) inspirierte sich

Oben
Das Schloss Sully im Département Saône-et-Loire ist die Wiege der Familie MacMahon.

von dem fünfeckigen Grundriss gewisser italienischer Paläste (z. B. Caprarola in der Nähe von Rom). Im Innern des Bauwerks erhebt sich über fünf Etagen eine Quelle, die zu manch esoterischer Interpretation Anlass gab. Das verlassene und verfallene Schloss wurde vom Département Yonne aufgekauft und restauriert, nachdem durch eine staatliche Beglaubigung sichergestellt war, dass keine Nachlassansprüche bestehen. Patrice Chéreau ließ hier einige Szenen seines Films *Die Bartholomäusnacht* (1994) drehen.

Sully (Saône-et-Loire)

Zwischen Chalon-sur-Saône und Autun liegt das teilweise im Neorenaissance-Stil renovierte Renaissance-Schloss Sully. Es besitzt einen quadratischen Grundriss mit vier schräg zu den Flügeln angeordneten Türmen und wird von Wassergräben umschlossen. Auf seinen Fundamenten, die wie bei den meisten Bauwerken aus dem Mittelalter stammen, ließ Gaspard de Saulx-Tavanes, Oberleutnant der Bourgogne, zwischen 1573 und 1616 durch den aus Langres stammenden Baumeister Nicolas Ribonnier das heutige Schloss errichten. Seit nunmehr 200 Jahren befindet es sich im Besitz der Familie MacMahon. Auf Schloss Sully kam 1808 Edme Patrice de MacMahon zur Welt: der spätere Marschall und Herzog von Magenta und erste Präsident der Dritten Republik.

Tanlay (Yonne)

Das von Wassergräben und einem Kanal gesäumte Schloss von Tanlay unweit von Tonnerre besticht durch seine Imposanz und schönen Rundtürme. Wie ein Triumphbogen hebt sich das „kleine Schloss" vom restlichen Bauwerk ab. Seine schieferbedeckten Dächer lassen wie bei Ancy-le-Franc an die Loire-Schlösser denken. Am Bau des zwischen 1550 und 1650 im Auftrag mehrerer Familien (d'Andelot, Particelli d'Hémery) entstandenen Schlosses beteiligten sich der aus Dijon stammende Architekt Pierre Le Muet und vermutlich Bertrand de Cazenove. Das Caesar-Vestibül mit schönen Büsten führt den Besucher in verschiedene Säle, wo Ahnenporträts aushängen, die von Philippe de Champaigne, Nattier, Mignard, Largillière, usw.

angefertigt wurden. Im Empfangssaal ist ein Trompe-l'œil einer italienischen Künstlerwerkstatt zu bewundern. Den so genannten Liga-Turm, der das Andenken an den Admiral und Hugenottenführer Gaspard de Coligny wahrt, schmückt die allegorische Darstellung einer Hymne von Ronsard durch die Schule von Fontainebleau. Den Hof Henri II. zieren Götter und Göttinnen der Antike.

Links und unten
Das Schloss von Tanlay unweit von Tonnerre.

Pracht- und Lustschlösser (17. und 18. Jh.)

Bazoches (Nièvre)

Dieses im späten 15. Jh. durch den Kammerherrn Ludwigs XI., Antoine de Follet, wieder aufgebaute Schloss gelangte zur Berühmtheit, als es im Jahre 1675 durch den unweit von hier geborenen Marschall und Festungsbaumeister Vauban aufgekauft wurde, der von hier aus seine Bauarbeiten leitete. Vauban ließ einige Änderungen an den Räumlichkeiten vornehmen. In den 1990er Jahren wurde dieses bemerkenswerte Bauwerk durch die Familie de Sigalas (Loire-Schloss Cheverny) restauriert und der Öffentlichkeit zugänglich gemacht. In den Gemächern sind Gemälde von Clouet und Rigaud zu sehen.

Cormatin (Saône-et-Loire)

Schloss Cormatin unweit von Tournus entstand um 1610 im Auftrag von Antoine du Blé d'Uxelles, Gouverneur von Chalon. Namhafte Personen sind mit diesem Bauwerk verknüpft, so z. B. Alphonse de Lamartine, der hier geborene Schriftsteller Jacques de Lacretelle und der Intendant Raoul Guns-

Oben
Die Geschichte des Schlosses von Bazoches ist mit Marschall Vauban verknüpft.

bourg der Oper Monte-Carlo, der auf Schloss Cormatin Musiker und Tänzer von Rang und Namen empfing. Vier Freunde bemühten sich ab 1981 um die Rettung des Bauwerks vor dem Verfall: Restaurierung der prächtig ausstaffierten „Goldgemächer" im Stil Louis-treize, Umgestaltung der Innenarchitektur sowie Instandsetzung der Gärten und Parkanlage. In den Gemächern des Schlosses, dessen Renovierung mit Eifer fortgesetzt wird, hängen u. a. Gemälde von Vélasquez, Nattier, Rigaud und Mignard aus.

Drée (Saône-et-Loire)

Die Bauarbeiten des von Charles de Blanchefort de Créquy errichteten Schlosses bei La Clayette im Süden des Départements zogen sich von 1620 bis Ende des 17. Jh. dahin. Sein U-förmiger Grundriss, der mit dem zu allen vier Seiten geschlossenen Quaderbau bricht, ist Ausdruck der Eleganz und des aufkommenden neuen Lebensstils.

Entre-Deux-Monts (Nuits-Saint-Georges, Côte-d'Or)

Schloss Entre-Deux-Monts im Stil Louis-treize liegt verlassen in den Weinbergen Hautes-Côtes de Nuits unweit des ehemaligen Weilers Concœur-et-Corboin. Der Architekt Pierre Le Muet aus Dijon könnte am Schlossbau beteiligt gewesen sein. Charakteristisch für jene Zeit sind die an den Tür- und Fensterrahmen hervortretenden Bosse. Die Familie Barbier, die das Schloss um 1650 erbauen ließ, besetzte wichtige Stellen in den Organen der Provinz. Auf Initiative der heutigen Schlossbesitzer wurden bedeutende Renovierungsarbeiten eingeleitet.

Unten

Das Schloss von La Clayette (Saône-et-Loire).

Saint-Fargeau (Yonne)

Die unsterblich in den Edelmann Lauzan verliebte Herzogin de Montpensier (bekannt unter dem Beinamen Grande Mademoiselle) sah sich nach ihrer Teilnahme an der Fronde gezwungen, zwischen 1652 und 1657 sowie zwischen 1662 und 1664 auf Schloss Saint-Fargeau Schutz zu suchen.

Während ihres Exils ließ sie das alte Schloss durch den Pariser Baumeister Jean-François Le Vau erneuern, der die sechs von Glockentürmchen gezierten Rundtürme renovierte und durch Wohnflügel miteinander verband. Ein Gebäude ist das Werk von Michel-Robert Le Peletier (18. Jh.), aus dessen Familie der erste „Märtyrer“ der Revolution, Louis-Michel Le Peletier de Saint-Fargeau, hervorging. Im 20. Jh. ließ Jean d'Ormesson auf Schloss Saint-Fargeau die Handlung seines Romans *Au plaisir de Dieu* spielen. 1979 kauften die Brüder Michel und Jacques Guyot das Bauwerk, um dessen ursprüngliche Pracht neu aufleben zu lassen. Auch veranstalteten sie hier eines der ersten historischen Openair-Spektakel mit Beteiligung der Lokalbevölkerung. Die Burg Guédelon ist ebenfalls ihrer Initiative zu verdanken.

Villemolin (Nièvre)

Schloss Villemolin in der Nähe von Corbigny aus dem 16. und 17. Jh. besitzt einige Überbleibsel aus dem Mittelalter, einen im 19. Jh. hinzu gebauten Turm sowie eine neugotische Kapelle aus dem selben Jahrhundert. Denis Podalydès ließ hier alle Szenen zu seinem Film *Le Mystère de la chambre jaune* (2003) drehen.

Unten Auf Schloss Saint-Fargeau ließ Jean d'Ormesson die Handlung seines Romans *Au plaisir de Dieu* spielen.

Oben
Der Gardesaal von Schloss Saint-Fargeau im Landstrich Puisaye.

Pierre-de-Bresse (Saône-et-Loire)

Das Freilichtmuseum der Bresse-Region (1980) besetzt heute einen Teil dieses im Jahre 1680 von Claude de Thyard an Ort und Stelle einer ehemaligen Festung erbauten Schlosses. Es verfügt zeitgemäß über einen U-förmigen Grundriss und Rundtürme. Der Baustoff (Tonziegel) erinnert daran, dass wir uns in der tonhaltigen Bresse-Region befinden. In unmittelbarer Nähe liegt Schloss Terrans, ein Werk von Jean-François de Truchis und des aus Dijon stammenden Baumeisters Edme Verniquet (1765).

Vantoux (Côte-d'Or)

Dieses Schloss bei Messigny-et-Vantoux unweit von Dijon entstand zu Beginn des 18. Jh. im Auftrag des Vorsitzenden des burgundischen Gerichtshofs, Jean de Berbisey. Der schlichte „Landsitz" von quadratischem Grundriss geht auf Jules Hardouin-Mansart, den Baumeister Ludwigs XIV., zurück, der in Dijon am *Palais des Ducs et des Etats* arbeitete. Das Bauwerk von sehenswerter Außenarchitektur gewährt anlässlich der *Journées du patrimoine* Einblicke in seine glorreiche Vergangenheit, sprich in die Blütezeit des burgundischen Gerichtshofs.

Beaumont-sur-Vingeanne (Côte-d'Or)

Ein weiteres Kleinod ist dieses den Pariser bürgerlichen Herrenhäusern nachempfundene „Zwergenschloss" des Abts Jolyot (1724) im Landstrich Vingeanne im Nordosten von Dijon.

Montjeu (Saône-et-Loire)

Im Landkreis von Autun liegt in einer von einer 17 km langen Ringmauer eingefassten, 740 ha großen Parkanlage das Schloss Montjeu. Es ist das Werk des während der Regentschaft Heinrichs IV. zu Einfluss gelangten Beamten und Diplomaten Jeannin (frühes 17. Jh.). Das Bauwerk, das sich im Besitz namhafter Familien wie Le Peletier de Saint-Fargeau und Talleyrand-Périgord befand und schließlich in den Besitz des britisch-französischen Finanzmagnaten Jimmy Goldsmith überging, besticht durch seine herrlich gestalteten Haupt- und Nebengebäude.

Oben
Auf einem Granitfels im Tal des Flusses Cure entstand das Schloss von Chastellux (Yonne), das sich seit 9 Jahrhunderten im Besitz der selben Familie befindet.

Die Schlösser des Amtsadels

Mit der Erlahmung des von Versailles ausgehenden Baueifers entstehen in der Mitte des 18. Jh. schöne Residenzen auf Initiative einflussreicher Mitglieder des burgundischen Gerichtshofs, die ihrem Lande verbunden sind und eine gewisse Diskretion an den Tag legen. Der Neoklassizismus hält seinen Einzug.

Talmay (Côte-d'Or)

Um einen Bergfried aus dem 13. Jh. ließ um 1760 im Grenzland zwischen Côte-d'Or und Haute-Saône Pierre I. de Filsjean dieses Schloss errichten, an dessen Bau die Meister Jacques-Louis Daviler aus Paris gefolgt von Jean-Antoine Caristie aus Dijon beteiligt waren. Baron Paul Thénard führte hier zur Behandlung seiner Rebstöcke gegen Reblausbefall den Schwefelkohlenstoff ein.

Arcelot (Côte-d'Or)

Das neoklassizistische Schloss Arcelot östlich von Dijon aus der Mitte des 18. Jh. fußt auf einer Idee von Philippe Verchère und des aus Dijon stammenden Baumeisters Thomas Dumorey. Heute organisiert die Familie Loisy im herrlich dekorierten großen Salon und in der weitläufigen Parkanlage Empfänge.

Schlösser der Neugotik und Neorenaissance des 19. Jh.

Nach der Revolution schickt sich Frankreich an, seine Wunden zu heilen. Mehrere Schlösser werden – als Antwort auf den Kulturschock – abgerissen, während neue Bauwerke das Licht der Welt erblicken.

Chastellux-sur-Cure (Yonne)

Dieses Schloss im Landstrich Avallonnais, das einer der ältesten Burgunder-Familien

Oben Auf Schloss Saint-Point im Landkreis Mâconnais verfasste Alphonse de Lamartine einen Großteil seines literarischen Werkes.

angehörte, blieb seit dem 11. Jh. im Besitz der selben Familie. In der ersten Hälfte des 19. Jh. erfolgte sein kompletter Wiederaufbau im neugotischen Stil.

Bresse-sur-Grosne (Saône-et-Loire)

In diesem kuriosen Schloss im Chalonnais-Gebiet brachte der Pariser Architekt Sanson um 1870 gleich mehrere Stilströmungen unter: Neugotik, Neorenaissance und Neoklassizismus.

Saint-Point (Saône-et-Loire)

Im Landkreis Mâconnais liegt Schloss Saint-Point, eine Lieblingsresidenz von Alphonse de Lamartine, der hier einen Großteil seines literarischen Werks schuf und sich beerdigen ließ. Bis in die 1990er Jahre hielt ein Zweig seiner Familie auf Schloss Saint-Point sein Andenken in Ehren. Das Bauwerk wurde um 1855 zum Gedenken an die Ehefrau des Dichters, Marianne Birch, im englischen neugotischen Stil umgestaltet.

Die jüngsten Schlösser

Brochon (Côte-d'Or)

Das um 1900 erbaute Schloss von Brochon in der Nähe von Gevrey-Chambertin versteht sich als Replikat des Schlosses von Azay-le-Rideau. Von seinem Bauherrn, dem ehemaligen Richter im zweiten französischen Kaiserreich und „Freizeitdichter" Stéphen Liégeard, stammt der treffende Kommentar: „Was der Bourgogne fehlt, das sind die Loire-Schlösser!" Bekannt wurde er, nachdem er in der Eigenschaft als Unterpräfekt von Carpentras Alphonse Daudet zu seinem Werk *Le Sous-Préfet aux champs* inspirierte. Er war es auch, der die französische Riviera *Côte d'Azur* taufte.

Guédelon (Yonne): eine Burg des 21. Jh.

An einem abgeschiedenen Ort im Landstrich Puisaye zwischen Saint-Sauveur und Saint-Amand beteiligen sich derzeit Dutzende Steinbrucharbeiter, Steinmetze, Maurer, Holzfäller, Seiler, Zimmerer, Schmiede, Ziegelbrenner, Korbmacher und Fuhrmänner am Bau einer Burg. Die Idee zu diesem Projekt kam dem Restaurator von Schloss Saint-Fargeau, Michel Guyot, im Jahre 1997. Ziel seines Vorhabens ist es, mit den zur Zeit des französischen Königs Philipp II. August zur Verfügung stehenden Mitteln und Techniken eine Burg nach dem Vorbild von Burg Ratilly (Yonne) und Yèvre-le-Châtel (Loiret) zu bauen. Das umgehend initiierte Projekt wird voraussichtlich 30 Jahre andauern. Burg Guédelon entspringt nicht einer touristischen Laune, sondern beruht auf den Plänen des leitenden Architekten des französischen Denkmalpflegeamts Jacques Moulin. Das Bauprojekt wird von einem kompetenten und anerkannten wissenschaftlichen Komitee gesteuert. Zwischen März und November kann die Baustelle über einen perfekt konzipierten Besichtigungsparcours täglich außer mittwochs und im Juli und August tagtäglich begutachtet wer-

Oben und unten rechts
Entstehungsgeschichte einer Burg: Auf Guédelon kommen alle alten Bautechniken zum Einsatz. Die Zeichnungen von Seite 97 zeigen die verschiedenen Etappen bis zur geplanten Fertigstellung der Burg im Jahr 2025.
Fotos Guédelon

2010

2012

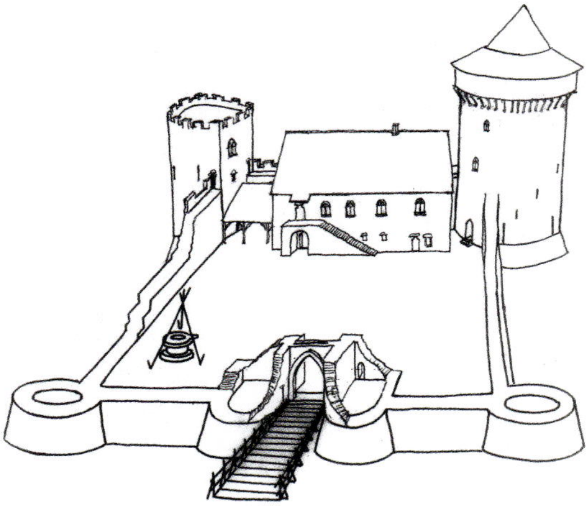

2015

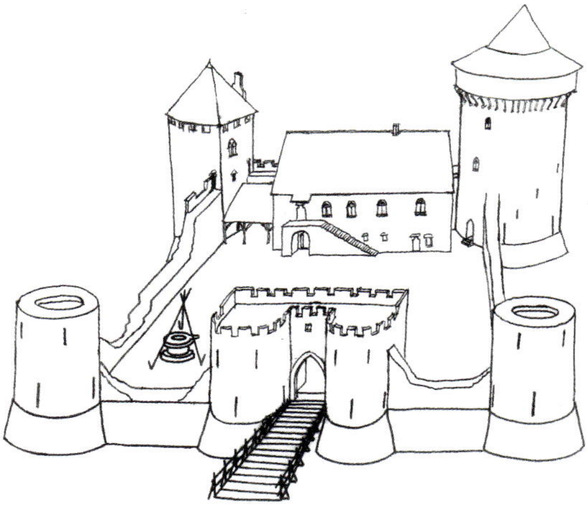

2020

2025

Die Baustelle von Guédelon und das Modell der künftigen Burg.

Fotos von Guédelon; Computergrafik: Nicolas Gasseau.

Oben
Die Burg Guédelon nimmt langsam Form an.

Rechts
Bei diesem anspruchsvollen Projekt, das sich keinesfalls als simple Nachahmung versteht, werden ausschließlich die Techniken des Jahres 1230 eingesetzt, das als Bezugsjahr gewählt wurde.
Foto Guédelon.

den. Mit seinen Festungsmauern, Türmen und Kreuzrippengewölben nimmt der Bau beachtliche Form an. Auf Kellerräume und Burgverliese wurde hingegen verzichtet, da dies zu langwierigen Grabungsarbeiten ohne Nutzen für die Öffentlichkeit geführt hätte. Denn die Kosten des Projekts werden überwiegend durch die Eintrittsgelder bestritten. Schon in kurzer Zeit mauserte sich Guédelon zu einer bedeutenden Attraktion. Das Projekt, an dem sich ganze Scharen von Fachleuten beteiligen, ist das einzige konkrete Beispiel einer nach den strikten Baumethoden und Techniken jener Zeit konstruierten Burg. Somit erweist sich Guédelon als langfristig geplantes, rentables Bauvorhaben, das sich nicht allein aus öffentlichen Geldern finanziert, auch wenn der Regionalrat der Bourgogne auf Anhieb dem Projekt seinen Segen gab.

Oben

Die Baustoffe werden auf Pferdekarren herbei transportiert. Vor Ort werden die Steine von Steinmetzen bearbeitet.

Rechts

Mühsame Entstehung eines Kreuzrippengewölbes auf Burg Guédelon.

Foto Guédelon.

EGO SUM OSTIUM

Orte der inneren Einkehr

Linke Seite und unten
Das Kloster Sainte-Marie von La Pierre-qui-Vire entstand zwischen 1850 und 1955 in mehreren Bauphasen. Das Gästehaus steht allen Menschen offen, sei es auf der Suche nach Besinnung oder nach einer erholsamen Auszeit vom hektischen Alltag.

Der spirituelle Elan der Bourgogne hält bis heute an. So erfüllt beispielsweise das erst kürzlich restaurierte Gästehaus der Abtei Notre-Dame von Cîteaux nach wie vor das Kloster mit Leben. Viele weitere Orte beseelen die Region, indem sie ihre Besucher zur Besinnung und Meditation anregen.

Das Kloster von La Pierre-qui-Vire (Saint-Léger-Vauban, Yonne)

Unweit von Saint-Léger-Vauban im Landstrich Avallonnais, wo das Maison Vauban zu besichtigen ist, liegt in einer bezaubernden granithaltigen Landschaft das Kloster Sainte-Marie von La Pierre-qui-Vire. Der wackelige Stein, der dem Kloster seinen Namen gab, ist heute fest verankert und

Oben und rechte Seite Das Dorf und die mittelalterliche Festungsanlage von Flavigny-sur-Ozerain.

wird von einer Statue der Hl. Jungfrau geziert, um die Feen fernzuhalten. Jean-Baptiste Muard gründete 1850 dieses Kloster, das der Benediktinerkongregation Subiaco (Montecassino) angehört und etwa 100 Mönche zählt. Die Klosterkirche stammt aus dem Jahre 1871; die Klostergebäude und das Gästehaus folgten später. Bis heute stellen die Mönche Käse her, setzen aber die lange Zeit hier verlegte Buchsammlung über die romanische Kunst nicht selber fort. Ihr beachtlicher Bestand umfasst u. a. die im Verlag Zodiaque erschienene berühmte Sammlung *La Nuit des Temps*.

Flavigny-sur-Ozerain (Côte-d'Or)

In diesem mittelalterlichen Städtchen entstand im 8. Jh. ein bis zu 800 Mönche zählendes Benediktinerkloster. Seine Krypten werden zu den ältesten burgundischen Zeugnissen der Karolingerzeit gerechnet. Einige Teile des Bauwerks sind in einer Fabrik erhalten, in der die weltbekannten Anisbonbons hergestellt werden. Im Laufe der Jahrhunderte ließen sich mehrere Stifte in Flavigny nieder, so z. B. das Kloster von Henri Lacordaire, dem es im 19. Jh. gelang, den Dominikanerorden erneut in Frankreich einzuführen. Im Maison Lacordaire wurde 1972 ein Priesterseminar für die von Mgr. Lefebvre gegründete traditionalistische Priesterbruderschaft eingerichtet. Das im Patrizierhaus Couthier de Souhey (18. Jh.) ansässige ehemalige Diözesanseminar wurde kurz danach von einem Benediktinerkloster in Beschlag genommen. Das von Augustin Joly gegründete, etwa 100 Ordensbrüder zählende Kloster von gleichfalls traditionalistischer Gesinnung kehrte später in den Schoß der römischen Kirche zurück.

Paray-le-Monial (Saône-et-Loire)

Der Ort Paray-le-Monial, der zahlreiche romanische Bauwerke sowie ein wunderschönes Renaissance-Haus vorzuweisen hat, gab den Impuls zur Herz-Jesu-Verehrung. In dieser „heiligen Stadt" erschien der 1920 heilig gesprochenen Margarete Maria, die in Paray ins Kloster der Heimsuchung Mariä eingetreten war (1673-1676), das göttliche Herz Jesu. Daraus entwickelte sich insbesondere im 19. Jh. ein universeller Kult (Sacré-Cœur in Paris, Wallfahrten nach Paray-le-Monial). 1986 zelebrierte hier Papst Johannes Paul II. auf einer riesigen Wiese eine Freiluft-Messe und bekräftige die Präsenz der mit der Organisation der Wallfahrten betrauten charismatischen Gemeinschaft Emmanuel. Zu den unumgänglichen Etappen zählen die Kapelle *Maria Heimsuchung*, wo die Erscheinungen Christi stattfanden, der Park *Les Chapelains* und das kürzlich renovierte Museum *Musée eucharistique du Hiéron*.

Das Kloster Saint-Gildard in Nevers (Nièvre)

Im Kloster Saint-Gildard (1856), dem Mutterkloster des Ordens der Barmherzigen Schwestern von Nevers, dem weltweit 200 Klöster unterstehen, lebte ab 1866 bis zu ihrem Tode im Jahre 1879 im Alter von 35 Jahren Schwester Marie Bernard, alias Bernadette Soubirous, der in einer Grotte in Lourdes die Jungfrau Maria erschienen war. Die 1933 heilig gesprochene Bernadette verbrachte hier in Demut die letzten Jahre ihres Lebens. In der Kapelle ist in einem gläsernen Schrein ihre sterbliche Hülle zu sehen. Hunderttausende Pilger aus aller Welt kommen jedes Jahr nach Nevers, um der Hl. Bernadette zu gedenken. Zu besichtigen ist ebenfalls

Oben

Die zwischen 1090 und 1110 nach Cluny-Vorbild erbaute Basilika von Paray-le-Monial. „Sie erzählt uns, was im Himmel geschieht", schrieb Domherr Denis Grivot und angesehener Spezialist der burgundischen romanischen Baukunst.

die nachgebildete Grotte, ein Museum und Souvenirläden.

Ökumenische Gemeinschaft der Taizé-Brüder (Saône-et-Loire)

Der Theologe Roger Schutz, Sohn eines evangelischen Pfarrers aus der Schweiz und einer burgundischen Mutter, gründete 1940 in Lausanne eine kluniazensische Ordensgemeinschaft. 1944 ließ er sich mit drei Freunden unweit von Cluny in dem kleinen burgundischen Dorf Taizé nieder. Die so entstandene ökumenische Bruderschaft, der Roger als Prior vorstand, zog schon bald evangelische, katholische und anglikanische Brüder an. 1953 habe der Geist der Regel von Taizé das Schicksal dieses „kleinen Frühlings" besiegelt, wie es Johannes Paul II. anlässlich seines Besuchs im Jahre 1986 ausdrückte. 1982 wurde die Versöhnungskirche gebaut. Bereits 1974 organisierte Frère Roger auf der Anhöhe von Taizé das „Konzil der Jugend", das 40.000 junge Menschen mobilisierte. Seither findet das „Konzil" alljährlich an verschiedenen Orten gegen Ende des Jahres statt. Taizé zieht weiterhin unzählige junge Leute an, die sich insbesondere im Sommer in einem riesigen Zeltlager zusammen finden und gemeinsam den Gottesdienst feiern. Frère Roger, der am 16. August 2005 im Alter von 90 Jahren von einer physisch gestörten Frau durch drei Messerstiche getötet wurde, hinterlässt die universelle Botschaft von der Annäherung der Menschen an ein und den selben Gott des Friedens und der Liebe.

Oben Ende der 1990er Jahre wurden in der Basilika von Paray-le-Monial umfangreiche Restaurierungsarbeiten durchgeführt.

Die buddhistische Gemeinschaft Kagyu Ling (La Boulaye, Saône-et-Loire)

In der Autunois-Region unweit von Toulon-sur-Arroux bezog 1974 im Schloss Plaige ein an die Traditionen von Buthan anlehnendes buddhistisches Zentrum seinen Sitz. Der „Hauptsitz" des Vajrayana oder Wadschrajana, einer der drei großen Hauptrichtungen des Buddhismus, ist die für die gleichnamige Teesorte bekannte Stadt Darjeeling. Mit der Gründung dieser monastischen Gemeinschaft möchte Kalou Rimpotché den in Europa und Amerika bereits stark verbreiteten Buddhismus weiter ausdehnen. Die gastfreundlichen Buddhisten, die rein gar nichts mit einer Sekte gemein haben, unterhalten gute Beziehungen zu ihren jüdischen und christlichen Nachbarn, die die Gemeinschaft anerkennen. Auf seiner Reise durch die Bourgogne beehrte der Dalai Lama Cîteaux nicht aber Kagyu Ling mit seinem Besuch. Die Rehe am Portal symbolisieren die Liebe und das Mitgefühl, das Rad steht für das Studium. Die Ausbildung zum Lama in vollkommener Zurückgezogenheit dauert hier exakt drei Jahre, drei Monate und drei Tage. Der *Temple himalayen des Mille Bouddhas*, den die beachtliche 16 m hohe Statue des Buddhas Sakyamuni ziert, ist der größte Europas. Das besinnliche Leben im Tempel wird von Workshops und Lehrgängen bestimmt.

REGVLA CŒLVM EST
TVTVS ABIS

Sehenswerte Städte

Linke Seite

An der Turmuhr von Auxerre (1470) wird gleichzeitig die Uhrzeit nach dem Sonnen- und Mondstand angezeigt.

Unten

Die Stadt Autun im Morvan in herrlich ländlicher Lage.

Autun (Saône-et-Loire)

Autun vor den Toren des Morvan war zunächst eine römische, dann gallisch-römische und schließlich romanische Stadt (siehe Kapitel „Die Vorgeschichte in der Bourgogne", „Die Eisenzeit" sowie „Das Burgund als romanisches Vorbild" - Die Kathedrale Saint-Lazare in Autun). Die kuriosen Halden bei Autun stammen aus dem 19. Jh., als man hier noch den zur Leuchtgas-Gewinnung genutzten Ölschiefer abbaute.

Auxerre (Yonne)

In der Stadt Auxerre an der Yonne, einem friedlich dahin ziehenden Nebenfluss der Seine, wimmelt es von engen, gewundenen und steilen Gassen und schönen alten Bauwerken. Die Abtei Saint-Germain mit ihren Krypten und die gotische Kathedrale Saint-Etienne bilden einige der vielen Reize von Auxerre. Ausgesprochen sehenswert ist die Turmuhr aus dem späten 15. Jh. mitten in der Altstadt. An diesem 1983 komplett restaurierten Bauwerk werden gleichzeitig die

Oben

Der Platz Saint-Nicolas in Auxerre.

Uhrzeit nach dem Sonnenstand und der Mondstand angezeigt. Die Zeiger des 24-Stunden-Zifferblatts bewegen sich unterschiedlich schnell fort, treffen aber mittags (Neumond) und mitternachts (Vollmond) zusammen. Ganz in der Nähe befindet sich das Haus des legendären Gerichtsvollziehers und Jakobiners *Cadet Roussel*, der in einem berühmten Volkslied verewigt wurde. Der für seine hyperrealistische Darstellung der Dichterin Marie Noël bekannte Bildhauer François Brochet widmete ihm in Auxerre eine Statue. Zu besichtigen sind das Kunst- und Geschichtsmuseum in der Abtei Saint-Germain, das in einem prächtigen Patrizierhaus aus dem 18. Jh. untergebrachte Museum Leblanc-Duvernoy mit Steingutsammlungen aus Auxerre und schönen Wandteppichen der „chinesischen Folge", durch die sich Beauvais im 18. Jh. einen Namen machte, sowie das Naturkundemuseum *Conservatoire de la nature*, das die Erinnerung an den hier geborenen Naturwissenschaftler und Zoologen Paul Bert wahrt. Fußballfans mag der 1905 gegründete Verein AJ Auxerre ein Begriff sein, der regelmäßig im Stadion Abbé-Deschamps das Herz seiner riesigen Anhängerschaft höher schlagen lässt.

Auxonne (Côte-d'Or, Hauptstadt des Saône-Tals)

Die alte Militärstadt Auxonne, in der bereits Napoleon Bonaparte als junger Offizier stationiert war, ist zu Beginn des 21. Jh. eine der letzten Garnisonsstädte der Region, die noch über ein bedeutendes Versorgungs- und Transportwesen verfügt. Einige Reste ihrer alten Festungsanlage sind erhalten.

Avallon (Yonne)

Auf einer Anhöhe am trügerisch ruhigen Flüsschen Cousin liegt der Ort Avallon, der mit seinem Festungswall, seinen Türmen und Stadttoren den Charme und die menschliche Wärme vergangener Provinzidylle ausstrahlt. Die Promenade Les Terreaux ziert die von Bildhauer Bartholdi angefertigte Statue des Festungsbaumeisters Vauban. Die Stiftskirche Saint-Lazare, die lange Zeit in engem Band zu Cluny stand, ist ein Meisterwerk der romanischen Baukunst. Im renovierten *Musée de l'Avallonnais* sind allerlei verschiedene Werke, so auch von Toulouse-Lautrec, Rouault (Gravüre *Miserere*) und des bedeutenden französischen Goldschmieds Jean Desprès aus der ersten Hälfte des 20. Jh. ausgestellt.

Beaune (Côte-d'Or)

Die Stadt Beaune fand im vorliegenden Werk wiederholt Erwähnung aufgrund ihres Hospizes, ihrer gemütlichen Atmosphäre und ihrer Rolle als Hauptstadt des Burgunder Weins (siehe Kapitel „Das Epos der burgundischen Herzöge" und „Der Burgunderwein: von der Natur verwöhnt".

Oben

Avallon in Hanglage.

Unten links

Warte am Festungswall von Beaune.

Unten

Der Kreuzgang von Notre-Dame in Beaune.

Chalon-sur-Saône (Saône-et-Loire)

Zwischen dem Weinbaugebiet Côte chalonnaise und der Bresse-Region mit ihren sattgrünen Wiesen dehnt sich an den Ufern des Flusses Saône (Insel Saint-Laurent) die wirtschaftlich dynamische Stadt Chalon-sur-Saône weiter aus. Auch wenn Kodak hier eines seiner weltweit größten Werke schließt, bleibt die in Chalon im frühen 19. Jh. durch Nicéphore Niépce erfundene Fotografie weiterhin ein „Wahrzeichen" der Stadt, wie das *Musée Niépce* und das Haus im nahgelegenen Ort Saint-Loup-de-Varennes belegen, in dem das erste Foto der Geschichte aufgenommen wurde. Auch werden in Chalon (Saint-Gobain) ganze 300 Mio. Flaschen für den Burgunder Wein hergestellt. In Chalon hat ebenfalls der französische Nuklear-Konzern Areva ein festes Standbein. Zu besichtigen sind die Kirche Saint-Pierre (um 1700), die Kathedrale Saint-Vincent (11. bis 15. Jh. sowie neugotischer Einfluss) und das herrlich renovierte *Musée Vivant-Denon*, das dem aus der Bourgogne stammenden Gründer des Louvre gewidmet ist. Die Kais und malerischen Gassen laden zu einem ausgiebigen Bummel. Nicht versäumen sollte man den Turm *Tour du Doyenné* aus dem 15. Jh., der demontiert und nach Paris verlegt, später (1928) von Frank Jay Gould aufgekauft und in Chalon wieder aufgebaut wurde.

Oben
Der trügerisch friedliche Fluss Saône in Chalon, der bei Hochwasser um ganze 8 m steigen kann.

Charolles (Saône-et-Loire)

Die mal burgundische, österreichische und spanische Grafschaft Charolais im Westen von Cluny ging 1684 durch die Begleichung einer Spielschuld (!) in französisches Besitztum über. Graf von Charolais war kein anderer als Karl der Kühne, bevor er Herzog des Burgunds wurde. In dieser Charolais-Region lebt die Stadt Charolles von der Zucht der gleichnamigen Rinder und ihrer alt überlieferten Steinguttradition. Charolles besitzt zahlreiche alte Klöster (Klarrissenorden, Orden der Heimsuchung Mariä), Schlossruinen und Reste ihres alten Festungswalls.

Châtillon-sur-Seine (Côte-d'Or)

Im Grenzgebiet zwischen Bourgogne und Champagne war Krieg an der Tagesordnung. Im Jahre 1814 versuchte man auf dem Kongress von Châtillon, ein Abkommen zwischen Napoleon und den verbündeten Mächten herbeizuführen. 1914 leitete hier General Joffre die Marne-Schlacht. Bei einem Bombenangriff im Jahre 1940 wurden 220 Häuser zerstört. 1944 trafen in Nod-sur-Seine die alliierten Truppen aus der Normandie und der Provence zusammen. Heute lohnt die Besichtigung der Stadt Châtillon schon allein wegen des *Schatzes von Vix*, einem der wichtigsten archäologischen Funde Europas des 20. Jh. Die frühromanische Kirche Saint-Vorles aus dem frühen 11. Jh. wahrt die Erinnerung an den Hl. Bernhard. Der Fluss Douix entspringt einer Vaucluse-Karstquelle, die einen Durchsatz von nahezu 3.000 Litern pro Sekunde erreicht. In etwa 300 m Entfernung von hier mündet er in die noch friedliche Seine.

Unten

Das entzückende Städtchen Charolles.

Cosne-sur-Loire (Nièvre)

Der Stadt Cosne, wo sich die Loire und das nach zwei Künstlern benannte Flüsschen Nohain (Franc-Nohain und Jean Nohain) gabeln, war aufgrund ihrer strategischen Lage an einer wichtigen Wasserstraße kein einfaches Schicksal beschert. Die Bourgogne und die Regionen Berry und Nivernais, die Bischöfe von Auxerre und die Grafen von Nevers machten sich den Ort gegenseitig streitig. Heute ist in dieser friedlichen und gastfreundlichen Stadt nichts mehr davon zu spüren. Die Kirche Saint-Agnan gehörte einst einem kluniazensischen Priorat von La Charité-sur-Loire an, von dem noch einige interessante Teile erhalten sind. Das hiesige Museum stellt Werke der Meister Chagall, Derain, Dufy, Utrillo und Vlaminck aus. Aus den zwischen dem 17. und 19. Jh. ausgesprochen aktiven Schmiedewerken von La Chaussade, die von der Marquise de Sévigné *Admiral-Schmiede* getauft wurden, stammt der 2,58 Tonnen schwere Schiffsanker aus dem Jahre 1861. Er wurde 1961 im Hafen von Rochefort aufgespürt und ziert heute einen Square in Cosne.

Decize (Nièvre)

Decize im Süden des Nivernais-Gebiets ist eine Stadt im Land der Flüsse: Canal du Nivernais, Seitenkanal der Loire, Vieille Loire und Aron, der hier in die Loire mündet. In Decize kam der Schriftsteller Maurice Genevoix zur Welt. In seinen Werken ist von seinen zahlreichen Angel- und Jagdausflügen in diesem urwüchsigen Landstrich weit ab des städtischen Treibens zu lesen. Der imposante Festungswall, die Kirche Saint-Aré, der Kreuzgang des Klosters Les Minimes, das prächtige Stadttor *Porte du marquis d'Ancre* und der Uhrenturm zählen zu den Sehenswürdigkeiten dieses in Stein gehaltenen, alten Städtchens.

Rechts
Im denkmalgeschützten Stadtkern von Dijon konnte sich die Kirche Notre-Dame zwischen den engen mittelalterlichen Gassen Platz verschaffen.

Dijon

Die Hauptstadt des Burgunds hat es immer schon verstanden, mit ihrer Zeit zu gehen, ohne ihre Geschichte zu verleugnen. Forschung und High-Tech-Industrie haben ihren festen Platz in der zum europäischen Kulturerbe zählenden Kunst- und Geschichtsstadt (Label *Cité d'Art et d'histoire*).

In welcher anderen Stadt verabredet man sich „au Coin du Miroir" (Spiegelecke)? In Dijon ist damit ein zentraler Knotenpunkt der Altstadt gemeint. Das Haus, nach dem die Stelle benannt ist, gibt es heute nicht mehr, wohl aber das „Haus der drei Gesichter" (Maison aus Trois Visages) in unmittelbarer Nähe, das bereits den feierlichen Einzug Karls des Kühnen vor über 500 Jahren miterleben durfte.

Bei Dijon weichen die Burgunder Hochebenen abrupt der Saône-Niederung. Mit dem Rücken an den Höhenzug Côte d'Or gelehnt und den Blick auf das ferne Jura gerichtet, bildet Dijon ein willkommenes Intermezzo und einen historischen Knotenpunkt, der seit jeher zur Rast einlädt.

Dauerverabredung mit dem Glück

Im Laufe ihrer Geschichte hatte die Stadt Dijon das Glück mehr als einmal auf ihrer Seite. Da waren zum einen die Herzöge des Burgunds, die den Ort zur europäisch gesinnten Hauptstadt machten – ein Status, der Dijon nur Vorteile bringen sollte. Zum anderen wurde die Stadt weder damals noch später von Krieg zerstört oder feindlichen Truppen heimgesucht, und konnte so über die Jahrhunderte hinweg ein Kulturerbe aufbauen, in dem man bis heute wie in einem Nachschlagewerk der Kunstgeschichte blättern kann.

Ist es Schicksal oder Glück, dass die Stadt so außergewöhnlich gut an das Straßen- und Schienennetz angebunden ist, Autobahnanschluss in alle Himmelsrichtungen hat und per Hochgeschwindigkeitszug mit London, Brüssel, Südfrankreich, Mühlhausen und der Schweiz (Rhein-Rhône) verbunden ist? Dass sie in den 1980er Jahren mit dem Viertel *Toison d'Or* als eine der ersten ein gleichermaßen modernes wie einladendes Einkaufszentrum bekam, während andernorts - siehe Quetigny oder Chenôve - Kastenbauten ohne städtebauliches Konzept entstanden. Dass sie sich in den 1960er Jahren, als hier gerade einmal 3.000 Studenten immatrikuliert waren, einen Campus für ganze 25.000 Hochschüler zulegte? Dass sie ihrem Bürgermeister Robert Poujade ein Auditorium im Großstadtformat und ihrem Domherrn Kir einen 1964 bei seiner Entstehung heftig umstrittenen, mittlerweile aber allseits beliebten See zu verdanken hat?

Bekannt ist die ehemalige Stadt der Herzöge nicht nur für ihren Senf, schwarzen Johannisbeerlikör und Lebkuchen. Als Regionalhauptstadt mit 150.000 Einwohnern (der Großraum Dijons zählt 230.000 Einwohner) ist Dijon darüber hinaus ein bedeutender Standort der Automobil- und Pharmaindustrie und eine Universitätsstadt mit Forschungsschwerpunkt in den Bereichen Agronomie und Ernährungswissenschaften.

Kirchen in Dijon

Kathedrale Saint-Bénigne: Abteikirche eines Klosters aus dem 6. Jh., das zur Zeit des Kults um den gleichnamigen Heiligen, der Dijon evangelisiert haben soll, entstand. Dazu gehören zwei nacheinander gebaute Basiliken, ein kurz nach 1000 von Guillaume de Volpiano errichtetes romanisches Bauwerk, von dem nur noch die Krypta erhalten ist, und die heutige Kirche, die Ende des 13. Jh., Anfang des 14. Jh. entstand. Der im späten 19. Jh. errichtete Pyramiden-Kirchturm ist mit 55 m der höchste Frankreichs.

Saint-Philibert: Diese alte Kirche, die derzeit restauriert wird, ist teils romanisch (Hauptportal), teils aus dem 15. Jh. und besitzt einen Kirchturm aus Stein (16. Jh.).

Notre-Dame: Die Besonderheit dieser im frühen 13. Jh. gebauten, im 19. Jh. restaurierten Kirche sind die an der Fassade in drei Reihen angeordneten Wasserspeier, die Henry Miller in seinem *Wendekreis des Krebses* erwähnt. Die Turmuhr *Jacquemart* mit Figuren stammt aus Courtrai (1382), wo sie einst den Glockenturm zierte. Die „schwarze", in Wirklichkeit mehrfarbige Madonna aus dem 11. Jh. ist die Schutzpatronin der Stadt (Notre-Dame-du-Bon-Espoir). Sie diente André Malraux als

Rechts
Ganze 50 Wasserspeier schmücken die Fassade von Notre-Dame.

künstlerische Inspirationsquelle.

Saint-Michel: Ein spätgotisches Bauwerk (15. und 16. Jh.) mit auffälliger Renaissance-Fassade.

Saint-Jean: In dieser Kirche aus der Mitte des 15. Jh., in der einst Bossuet getauft wurde, ist heute das Burgunder Staatstheater untergebracht.

Kapellen: Godrans, Sainte-Anne, Carmélites

Weltliche Baukunst

Das *Palais des Ducs et des Etats de Bourgogne* (Palais der Herzöge und Stände des Burgunds): Es entstand zwischen dem späten 17. Jh. und der Französischen Revolution auf den umfangreichen Überresten des Palasts der Herzöge von Valois – Turm *Tour de Bar* (1365), herzogliche Küchen (1433), Turm *Philippe-le-Bon* (1443) – gegenüber dem *Place Royale*, den einst das Reiterstandbild Ludwigs XIV. zierte, nach den Plänen von Jules Hardouin-Mansart und anderer Baumeister aus Versailles und Paris (Treppe von Jacques Gabriel aus dem Jahre 1735, Chapelle des Élus, Ständesaal, Flore-Saal, usw.).

Patrizierhäuser aus dem Mittelalter: Hôtel Chambellan in der rue des Forges und Hôtel Thomas-Berbisey in der gleichnamigen Straße (Spätgotik), das Maison aux Trois-Visages in der rue de la Liberté, Hôtel Millière in der rue de la Chouette und weitere Häuser in der rue de la Verrerie und der rue de la Chaudronnerie.

Herrschaftliche Stadthäuser der Renaissance: Hôtel Maillard in der rue des Forges, Hôtel Les Cariatides in der rue de la Chau-

Oben

An der Kirche Saint-Michel wurde die Säulenordnung exemplarisch befolgt.

Links

Fachwerkhaus am Place François-Rude in Dijon, in dem sich heute ein Restaurant befindet.

dronnerie, Hôtel Le Compasseur in der rue de la Vannerie.

Patrizierhäuser des Klassizismus: Hôtel Vogüé in der rue de la Chouette, Hôtel Bouhier de Savigny und Hôtel Legouz de Gerland in der rue Vauban, Hôtel Chartraire de Montigny und Sitz der Militärkommandantur in der rue de la Vannerie, Hôtel Bouhier de Lantenay in der rue de la Préfecture (heute Sitz der Präfektur), Hôtel Févret de Saint-Mesmin am Place Bossuet, Hôtel Les Barres in der rue Chabot-Charny, Hôtel Fyot de Mimeure in der rue Amiral-Roussin.

Denkmalgeschützte Bauwerke: Rund fünfzig Patrizierhäuser auf 100 ha, die von den Richtern und Ständevertretern des Burgunds im 17. und 18. Jh. errichtet wurden.

Aus dem 19. Jh.: Theater (Restauration), Markthallen, Place Darcy, Place Saint-Bernard (zweite Hälfte des 19. Jh.).

Auditorium: Das französisch-amerikanische Gemeinschaftswerk aus dem Jahr 2000 gilt als eines der besten Konzerthäuser Europas.

Oben

Das im frühen 19. Jh. erbaute Theater von Dijon.

Unten

Die malerische Rue de l'Amiral-Rousseau.

Links
Das Renaissance-Patrizierhaus Fyot de Mimeure in Dijon (Rue Amiral-Roussin).

Unten
Der Park Darcy entstand nach dem städtebaulichen Vorbild des späten 19. Jh. und macht sich das unterirdische Wasserreservoir zunutze, das Dijon mit Wasser versorgt.

Museen in Dijon

Musée des Beaux-Arts: Das Kunstmuseum zeigt das Kulturerbe der Herzöge des Burgunds (mit Trauerfiguren verzierte Grabmäler von Philipp dem Kühnen und Johann Ohnefurcht, Flügelaltare von Jacques de Baerze, flämische Werke aus dem 15. Jh. und *La Nativité* des Meisters aus Flémalle), bedeutende Sammlungen, die Granville-Schenkung (von Georges de La Tour bis Nicolas de Staël) und im Sommer große Wechselausstellungen.
Musée Magnin: In dem Patrizierhaus, das einst einem Geschwisterpaar gehörte, herrscht bis heute die Kunstliebhaber-Atmosphäre des frühen 20. Jh. Er war Berater am Rechnungshof, sie Malerin und Kunstkritikerin.
Musée archéologique: Das Archäologische Museum zeigt in der ehemaligen Benediktinerabtei Saint-Bénigne bedeutende Exponate (u. a. die Schatzsammlung von Blanot, den Armreif von La Rochepot und Votivgaben aus der Seine-Quelle).
Musée d'Art sacré: Dieses Museum in einer um 1700 von Bernhardinerinnen gebauten ehemaligen Kirche widmet sich der sakralen Kunst im Département Côte d'Or.
Musée de la Vie bourguignonne Perrin-de-Puycousin: In den Gebäuden und dem Kreuzgang des ehemaligen Bernhardinerinnen-Klosters (rue Saint-Anne) erinnert das Volkskundemuseum an das Leben im historischen Dijon und im ländlichen Burgund.
Musée d'Histoire naturelle: Ein modern und ansprechend gestaltetes Naturkundemuseum, das neben anderen einzigartigen Exponaten auch ein Glyptodon-Fossil aus der argentinischen Pampa zeigt.
Musée de Plein Air: Auf dem Uni-Campus Montmuzard sind unter freiem Himmel Werke von Arman, Agam, Karel Appel, Gottfried Honegger und anderen Bildhauern zu sehen.
Moderne Kunst wird im FRAC und im Consortium gezeigt. ■

Oben
Das Patrizierhaus Hôtel de Vogüé in der Rue de la Chouette in Dijon mit buntschillerndem Dach. Seine Architektur geht auf das frühe 17. Jh. zurück.

Parkanlagen und Gärten

Parc de la Colombière: Diese 34 ha große Parkanlage wurde um 1680 von der Familie Condé, deren Mitglieder bis zur Französischen Revolution Gouverneure des Burgunds waren, nach einem Entwurf des Le Nôtre-Schülers Antoine de Maerle angelegt. Henry James ließ hier auf einer Bank seine *kleine Frankreichtour* enden.

Jardin de l'Arquebuse: Der 1771 gegründete, 1833 an seinen jetzigen Standort verlegte botanische Garten mit Arboretum ist mit seinen 3.500 Pflanzenarten in 66 abgeschirmten Gartenbereichen einer der bestbestückten der Welt.

Jardin Darcy: Dieser Park am gleichnamigen Platz wurde nach dem städtebaulichen Vorbild des 19. Jh. im Stil Napoleons III. angelegt. Der *Eisbär* ist eine Replik eines Werkes, das dessen Schöpfer, den Burgunder Bildhauer François Pompon, auf der Herbstausstellung 1922 bekannt machte.

Square des Ducs: Dieser Garten wurde einst als Teil des Palasts Philipps des Kühnen für dessen Gattin, Margarete von Flandern, angelegt.

Der See Kir: Félix Kir träumte bereits 1895 als junger Seminarist von einem See bei Dijon. Doch der Domherr musste sich gedulden. Erst 1945 konnte der mittlerweile 69-jährige als Bürgermeister der Stadt seinen Traum verwirklichen. Ganze neunzehn Jahre dauerte es dann noch, bis sein Werk 1964 vollendet wurde. Der monumentale *Grenadier*, eine Statue des Bildhauers Georges Diébelt, zierte vormals die Pariser *Pont de l'Alma*, wo sie neben dem als Regenmesser dienenden *Zouave* stand.

Parc de la Combe in La Serpent: Dieser 1976 von André Holodynski geschaffene Park bietet auf 326 ha Natur in hügeliger Kalksteinlandschaft.

Der Kanalhafen: Der im 18. Jh. am *Canal de Bourgogne* angelegte Hafen steht seit 1980 auch Freizeitskippern zur Verfügung. Die schön gestaltete Landschaftskulisse wird von einem Obelisken dominiert, der 1786 zum Gedenken an die durch den Kanal ermöglichte Verbindung der Meere errichtet wurde. Gustave Eiffel kam 1832 in der Nähe des Hafens zur Welt.

Oben Joigny besitzt wunderschöne alte Häuser wie hier am Place du Pilori.

Joigny (Yonne)

Die moderne Stadt Joigny liegt in einer kreidehaltigen Landschaft zwischen Auxerre und Sens am Fluss Yonne. Wer die schmucken mittelalterlichen Häuser wie das Haus am Jessebaum oder das Maison de Bois am Pilori-Platz besichtigen will, der muss die steilen Gässchen der Altstadt erklimmen. Die von innen besonders schön gestaltete Kirche Saint-Jean stammt aus dem 16. Jh. und der Renaissance. Die Kirche Saint-Thibault zeigt ein Reiterstandbild des berühmten Renaissance-Bildhauers Juan de Juni, der in Joigny geboren wurde und später nach Spanien auswanderte, sowie einen der Hl. Madeleine-Sophie Barat geweihten Altar. Die aus der Pfarrei stammende Gründerin des Ordens der *Dames du Sacré-Coeur*, der Anfang des 19. Jh. entstand und heute weltweit an die 600 Glaubensgemeinschaften zählt, wurde 1925 heilig gesprochen. In Joigny befindet sich auch das Restaurant *Côte Saint-Jacques* der Familie Lorain, das zu den renommiertesten Adressen Frankreichs zählt.

Le Creusot (Saône-et-Loire)

Der in 21 m Höhe hängende, 100 t schwere Freifallhammer, der bei seiner Installation 1876 weltweit der schlagkräftigste seiner Art war, kann eine Nussschale knacken, ohne die Frucht zu zertrümmern. Heute thront er als öffentliches Denkmal und Symbol der florierenden Industrie des 19. Jh. über der Stadt. Die 1787 errichtete königliche Kristallmanufaktur wurde ab 1836 durch das Wirtschaftsimperium der Familie Schneider abgelöst, die Le Creusot mit dem Bau von Lokomotiven, U-Booten, Brücken, Leuchttürmen, Kanonen und Panzerungen zur Weltmetropole der Stahl- und Eisenindustrie machte. Unentwegt wurde in der damals hochmodernen Industriestadt gefertigt, was Ingenieure in werkseigenen Konstruktionsbüros entwarfen. In den 1960er Jahren geriet der mittlerweile von der Empain-Unternehmensgruppe übernommene Konzern durch Finanzturbulenzen in Schwierigkeiten und wurde 1984 schließlich vollständig aufgelöst. Heute werden hier und in Chalon-sur-Saône Ausrüstungen für den Schienentransport (Drehgestelle für den TGV) und die Nuklearindustrie (Areva) hergestellt. Im Freilichtmuseum von Schloss La Verrière, wo bis heute zwei alte Öfen stehen, erfährt der Besucher Wissenswertes über jene Epoche,

als die Industriekultur am Standort Le Creusot ihre Blüte erlebte und der Name Schneider allgegenwärtig war.

Mâcon (Saône-et-Loire)

Mâcon, die „Königin der Saône-Niederung" im südlichen Burgund und Heimat des Dichters Alphonse de Lamartine, der hier 1790 zur Welt kam, bekennt mit ihren leuchtenden Häuserfassaden längs der Uferstraßen und in der Oberstadt Farbe. Den Fluss überspannt seit dem 11. Jh. die beneidenswert gut erhaltene Saint-Laurent-Brücke, die von den Einwohnern der Stadt wie ein Augapfel gehütet wird. Ihrem traditionellen Lieblingssport Rudern können die „Mâconesen" auf einem zu diesem Zweck angelegten Becken nachgehen. Das Patrizierhaus Sénecé im Régencestil widmet sich der Erforschung des schriftstellerischen und politischen Werks von Lamartine. Als sinnvolle Ergänzung zu dessen Besichtigung bietet sich ein Abstecher an die anderen Orte in und um Mâcon an, die an den Dichter erinnern: Maison de Milly, Bussières, Schloss Monceau, Pierreclos und Saint-Point. Kaum eine andere Stadt unterhält derart innige Beziehungen zu einer historischen Figur wie Mâcon. Recht unscheinbar sind die sakralen Bauwerke der Stadt, wobei das in einem ehemaligen Ursulinenkloster aus dem 17. Jh. untergebrachte Museum Aufmerksamkeit verdient. Wie das benachbarte Beaujolais ist auch das Mâconnais dem Weinbau zugetan und gibt einen Vorgeschmack auf die Dolce Vita des Mittelmeerraums. Für Geschäftigkeit sorgt die florierende Weinmesse.

Oben
Unweit des Schlosses von Le Creusot befindet sich die königliche Kristallmanufaktur mit ihren konischen Öfen, die die Familie Schneider in eine Kapelle und in ein Theater umwandeln ließ.

Unten
Uferstraße längs der Saône in Mâcon.

Oben
Die alte Schmiede von Buffon bei Montbard.

Montbard (Côte-d'Or)

In der auf die Herstellung von Kernrohren (u. a. für Kernkraftwerke) spezialisierten Stadt wird das Andenken an Georges-Louis Leclerc, Graf von Buffon, gewahrt. Dieser verdankt seine Berühmtheit nicht nur seiner anerkannten naturkundlichen Tätigkeit u. a. im Pariser *Jardin du Roi*. Der aus Montbard stammende Graf, der regelmäßig in der Stadt lebte, ist darüber hinaus auch Gründer eines nach ihm benannten Schmiedebetriebs in einem Nachbarort sowie des Mitte des 18. Jh. angelegten Parc Buffon. Dort kann man im Aubespin-Turm aus dem 15. Jh. sein Arbeitszimmer besichtigen und auf Terrassen lustwandeln. Anfang des 19. Jh. wurden hier große Anstrengungen unternommen, um das Andenken an den berühmten Sohn der Stadt und seinen ebenfalls aus Montbard stammenden Mitarbeiter Daubenton aufrecht zu erhalten.

Montceau-les-Mines (Saône-et-Loire)

Die 1856 in dem seit dem 16. Jh. erschlossenen Steinkohlebecken von Blanzy gegründete Stadt erlebte unter demWirtschaftsimperium der Chagots ab 1818 eine rasante Entwicklung. Über 100 Schächte wurden insgesamt angelegt. 1946 arbeiteten rund 11.000 überwiegend polnische Bergleute in mittlerweile nur noch acht Schächten, 1960 betrug die jährliche Fördermenge an die 2,5 Mio. Tonnen. Monceau erlebte den Steinkohleabbau von einer weit dramatischeren Seite als der im gleichen Becken liegende Standort Le Creusot. Seine Bergarbeiter mussten ihrer Tätigkeit unter härtesten Bedingungen in mehreren Hundert Metern Tiefe nachgehen. 1867 gab es allein 89 Tote; Arbeitskämpfe waren an der Tagesordnung. Gegen Ende des 20. Jh. wurde die Stein-

Unten
Die Kathedrale Saint-Cyr-et-Sainte-Juliette (oder Julitte) in Nevers, die durch die Bombenangriffe von 1944 stark beschädigt wurde. Das heute restaurierte Bauwerk besitzt schöne Glasmalereien zeitgenössischer Künstler.

Oben

Der gläserne Schrein der Hl. Bernadette im Kloster Saint-Gildard von Nevers. Im Orden der Schwestern von Nevers lebte Bernadette Soubirous bis zu ihrem Tod.

kohle teilweise auch über Tage abgebaut. Bis heute ist die Erinnerung an das Leben im Dienst der Kohle allgegenwärtig. Die Vorkommen sind hier ebenso wie im Süden des Départements Nièvre nach wie vor beachtlich, aber noch immer schwer zugänglich. Heute lässt es sich in der modernen, dem neuen Zeitalter zugewandten Stadt Monceau gut leben.

Nevers (Nièvre)

Das schöne herzogliche Palais von Nevers (Mitte 15. bis Mitte 16. Jh.) ist das erste Loire-Schloss stromabwärts. Der an dieser Stelle bereits durch den Allier verbreiterte Fluss belebt die Stadt, die den Regionen Bourbonnais, Berry und Burgund gleichermaßen verhaftet ist. Das hohe Croux-Tor (14. Jh.) ist ein Überbleibsel des imposanten Festungswalls. Die 1944 bei einem Bombenangriff stark beschädigte Kathedrale Saint-Cyr-et-Saint-Juliette wurde unter Beachtung der verschiedenen Stilströmungen (Krypta aus dem 11. Jh. mit einer Grablegung aus dem 15. Jh.) originalgetreu wieder aufgebaut. Ihre Glasmalereien sind das Werk zeitgenössischer Künstler (Raoul Ubac, Alberola, Gottfried Honegger, Claude Viallat). Die Cluny-Kirche Saint-Etienne verbindet romanische Stilelemente der Auvergne und des Burgunds. In den Jahren 1565 bis 1659 trug die italienische Einwandererfamilie Gonzague erheblich zum Prestige der Stadt bei. In dieser Zeit entstand das „Nevers-Blau" genannte berühmte Porzellan, das im Musée Frédéric-Blandin neben Exponaten aus gezogenem Glas zu sehen ist. Die Hl. Bernadette (Lourdes), die in Nevers ihrer religiösen Berufung folgte, ruht heute im Wallfahrtskloster Saint-Gildard. Regisseur Alain Renais drehte hier seinen Film *Hiroshima mon amour*.

Oben

Semur-en-Auxois: eine begehrte Filmkulisse.

Nuits-Saint-Georges (Côte-d'Or)

Mit seinem Wachturm (17. Jh.) und seiner Kirche Saint-Symphorien (13. Jh.) behauptet sich der zwischen Dijon und Beaune gelegene Ort Nuits als bedeutendes Handelszentrum und Anbaugebiet für Burgunder. Die an seinen Hautes-Côtes angebauten Beerenfrüchte (Himbeeren und schwarze Johannisbeeren) werden hier wie in Dijon zu Likör verarbeitet. Über dessen Herstellung informiert das *Cassissium*, während das *Imaginarium* seinen Besuchern den prickelnden Zauber des Schaumweins näher bringt. Im schön restaurierten Museum ist Wissenswertes über den Werdegang der Stadt von der gallisch-römischen Siedlung Bolards bis zur Gründung der prestigeträchtigen Bruderschaft der Tastevin-Ritter im Jahre 1934 zu erfahren.

Saint-Jean-de-Losne (Côte-d'Or)

Saint-Jean-de-Losne, einst Heimathafen der Binnenschiffer, ist heute der größte Binnenflusshafen Frankreichs.

Saulieu (Côte-d'Or)

Meisterkoch Alexandre Dumaine machte das an der Nationalstraße RN6 gelegene „Côte-d'Or" vor den Toren des Morvan zu einer Hochburg der französischen Gastronomie und fand in Bernard Loiseau einen würdigen Nachfolger. Seit Loiseaus Tod führt dessen Ehefrau Dominique den Betrieb weiter. Restaurants gibt es in der Stadt der Gaumenfreuden jede Menge. Eine wahre Augenweide wiederum sind die Kapitelle und die Nachbildung des nach Karl dem Großen benannten Evangeliars in der Basilika Saint-Andoche aus dem späten 11. Jh. mit wieder aufgebautem Chor. Saulieu ist ferner die Geburtsstadt des Bildhauers François Pompon, dessen *Eisbär* als Meisterwerk der Tierkunst gilt. Dem Künstler wurde im Ort ein kleines, aber feines Museum gewidmet.

Semur-en-Auxois (Côte-d'Or)

Yves Robert, Gene Kelly und andere Filmemacher hatten diese an einer Schleife des Armançon gelegene entzückende kleine Festungsstadt als Drehort für sich entdeckt. Stolz erhebt sich Semur auf kupferrotem

Nuits-Saint-Georges.

Oben Die Fosse Dionne in Tonnerre (links): Die von einem Waschhaus (1758) eingeschlossene Quelle, die lange Zeit als heilige Stätte galt, sammelt das Wasser aus einem Umkreis von 50 km2. Das 1295 von Marguerite de Bourgogne gegründete Krankenhaus (rechts) besitzt einen Krankensaal, der es mit der Größe des Hospiz von Beaune aufnehmen kann.

Granit hinter ihren mittelalterlichen Toren und der Brücke Pont Joly (1786). Mehrere Türme sind erhalten, darunter auch der 44 m hohe, einst an der Spitze mit Gold verzierte *Tour de l'Orle d'or* mit seinen 6 m dicken Fundamentmauern und einer langen Narbe, die er von der Belagerung 1589 davon trägt. Die Stiftskirche Notre-Dame aus dem 13. Jh. wurde im 19. Jh. von Viollet-le-Duc restauriert. Das Tympanon am Portal Les Bleds (14. Jh.) erzählt die Legende des Hl. Thomas. Wer am 31. Mai hier ist, sollte sich nicht das älteste Pferderennen Frankreichs (Course de la Bague) entgehen lassen, das hier seit 1639 ausgetragen wird.

Sens (Yonne)

Die Stadt Sens, deren einstige Schutzwälle während der Restauration zu Boulevards oder Promenaden ausgebaut worden waren, gehört heute zum Großraum Paris. Die zunächst gallische, dann römische Stadt war Ende des 14. Jh. Hauptstadt des *Grande Sénonie* genannten Verwaltungsbezirks Chartres-Orléans-Troyes-Auxerre-Paris. Ihr Einfluss ließ zwar allmählich nach, doch die Kathedrale Saint-Etienne und das erzbischöfliche Palais bezeugen noch heute die weltliche und geistliche Bedeutung von Sens im 12. und 13. Jh. Sehenswert sind neben zahlreichen alten Häusern auch die Markthallen von 1882, die die Metallbaukunst der Epoche widerspiegeln. Von republikanischer Gesinnung zeugt das 1904 direkt gegenüber der Kathedrale gebaute Rathaus, ein monumentales Neorenaissance-Bauwerk.

Seurre (Côte-d'Or)

Das im späten 17. Jh. gebaute Krankenhaus von Seurre besitzt einen Armensaal und eine ansehnliche Apotheke. An den Theologen Bossuet erinnert das Haus seiner Familie. Im nahe gelegenen Chamblanc wird das Andenken an Anne-Marie Javouhey gewahrt. Die 1950 selig gesprochene, zu Lebzeiten „Mutter der Schwarzen" genannte Gründerin des auf allen fünf Kontinenten vertretenen Ordens der *Soeurs de Saint-Joseph de Cluny* wird für ihren Beitrag zur Sklavenbefreiung in Guyana und anderen ehemaligen Kolonien gewürdigt.

Tonnerre (Yonne)

Zwischen Montbar und Chablis liegt die Stadt Tonnerre mit ihren schönen Treppengassen und alten Villen. Dazu zählen auch das Patrizierhaus Uzès und das Haus des Ritters Eon, eines exzentrischen Diplomaten, der sich gerne in Frauenkleidern zur Schau stellte. Marguerite de Bourgogne gründete hier ein Krankenhaus, das 1295 fertig gestellt wurde. Der bis heute erhaltene Krankensaal ist mit seinen 91 m Länge, 8 m Breite, 25 m Höhe und 4.500 m^2 Dachfläche sogar noch größer als der von Beaune. Neben dem Mausoleum von Louvois, der Minister unter Ludwig XIV. war, ist eine ausdruckstarke Grablegung Jesu von 1454 zu sehen. In der Fosse Dionne, die lange Zeit als heilige Stätte galt, wird das aus einem weiten Umkreis zulaufende Wasser gesammelt. Die Anlage und das dazu gehörige Waschhaus stammen aus dem 18. Jh. 1979 arbeiteten sich Höhlenforscher unter extrem schwierigen Bedingungen in 360 m Entfernung vom Eingang bis in 61 m Tiefe vor, um dem Geheimnis des Ortes, der zu den spektakulärsten Naturphänomenen des Burgunds zählt, auf die Spur zu kommen.

Das heutige Burgund

Im Zuge der Französischen Revolution wurde 1791 die einstige Provinz Burgund in Départements aufgeteilt. Den Status der Region mit den vier Départements Côte-d'Or, Nièvre, Saône-et-Loire und Yonne erlangte das Burgund erst in den 1970er und 1980er Jahren wieder. Die einst zum Burgund gehörende Bresse-Region wurde zwischen den Départements Saône-et-Loire, Ain und Jura (Franche-Comté) aufgeteilt. 2015 verschmelzen die Regionen Bourgogne und Franche-Comté miteinander und bilden durch die hinzugekommenen Départements Doubs, Jura, Haute-Saône und Territoire-de-Belfort ein 47.784 km² großes Gebiet mit insgesamt 2,82 Mio. Einwohnern. Ähnliches widerfuhr vor langer Zeit dem Herzogtum Burgund und der Freigrafschaft Burgund, wobei letztere zunächst dem Heiligen Römischen Reich, dann nach dem Tod von Karl dem Kühnen Spanien angehörte – und zwar bis zum Frieden von Nimwegen (1678), durch den das Königreich Burgund in den Herrschaftsbereich des französischen Königs fiel.

Linke Seite und unten rechts
Das Zeitalter des Kohleabbaus liegt weit zurück und hinterlässt uns unzählige Schächte in den Départements Saône-et-Loire und Nièvre (Epinac, Blanzy, La Machine). Das Bergbaumuseum von Blanzy wahrt die Erinnerung an das schwarze Gold.

Nach den Umwälzungen der Revolution und insbesondere durch die Grundstücksenteignung der Kirche bildet sich eine grundbesitzende Bürgerschicht heraus, die zunehmend im Hüttenwesen und Kohleabbau unternehmerisch tätig wird, während Dreiviertel der Bevölkerung weiterhin auf dem Land leben. Der Bau neuer Verbindungswege (Straßen, Kanäle und später Schienen) eröffnet neue Perspektiven.

In den Jahren 1810 bis 1820 erfand Nicéphore Niépce bei Chalon-sur-Saône in ungezählten Experimenten eine revolutionäre Technik: die Fotografie. Die erste Reproduktion auf Papier eines mit einer Glasplatte geschossenen Fotos stammt von Abel Niépce aus Saint-Victor, die erste bewegte Abfolge von Fotos und Vorläuferin des Films von dem in Beaune geborenen Etienne-Jules

Als die Kohle Geschichte machte

Das Burgund ist reich an Bodenschätzen: bedeutende, noch nicht abgebaute Fluoritvorkommen, Uran in Gruy, Eisenerz, Erdöl im Pariser Becken, Gas in der Bresse-Region und Ölschiefer in Autun, der heute nicht mehr abgebaut wird. Im Becken von Blanzy, das sich vom Département Saône-et-Loire im Norden bis zum Département Nièvre im Süden erstreckt, wurde seit dem 19. Jh. intensiv Steinkohle abgebaut. Die jährliche Fördermenge stieg von 30.000 t im Jahre 1830 auf 2,6 Mio. t in den frühen 1960er Jahren an. Damals lebten über 10.000 Familien von der Kohle. An die 150 Schächte waren im Laufe der Zeit angelegt worden; in einigen, sehr tiefen kam es zu schrecklichen Katastrophen. Im Revier entwickelte sich eine solidarische Gesellschaft, die überwiegend aus polnischen Einwanderern bestand. In dieser Zeit entstand auch die neue Stadt Montceau-les-Mines.
Bis zu den Schließungen in Epinac (1966), Decize und La Machine im Département Nièvre (1974) sowie zuletzt im Blanzy-Becken sorgten der Jom-Kippur-Krieg und der Über-Tage-Abbau an einigen wenigen Standorten dafür, dass der Kohleabbau noch eine Zeitlang fortgesetzt wurde. An die Kohlezeit erinnern das *Musée de la Mine* in La Machine (Nièvre) und die den Bergleuten gewidmeten Standorte bei Montceau. ■

Marey. Und die Elektronikkamera von André Lallemand wurde ebenso wie der erste Zoom von Roger Cuvillier in Dijon entwickelt.

Ebenfalls zugute halten kann sich das gleichermaßen umtriebige wie zurückhaltende Burgund die Erfindung des Flüssiggases (Louis Cailletet), die Bestimmung des Jods (Bernard Courtois), die Erfindung der modernen Physiologie (Paul Bert) und den Beweis, dass Elektrizität transportiert werden kann (Hippolyte Fontaine).

Die vielen Weinberge mögen auf den ersten Blick über die industrielle Dynamik hinwegtäuschen, die nach dem 2. Weltkrieg durch das Eingreifen ausländischer Anleger (Kodak, Philips, Hoover, usw.) und später durch deren Rückzug tief greifende Veränderungen mit sich brachte. Beispiele hierfür sind die Schließung der Steinkohlebergwerke, der Niedergang der Stahlindustrie, des Schneiderschen Imperiums und damit des Creusot-Loire-Konzerns, die erfolgreiche Umstellung auf die militärische (Valduc) und zivile (Framatome, Areva) Nutzung der Kernenergie, der Erhalt mehrerer um einen Großbetrieb entstande-

Oben
Der Freifallhammer, Symbol der florierenden Industrie von Le Creusot, war zwischen 1876 und 1924 in Betrieb. Die 100 t schwere Maschine, mit der riesige Stahlteile geschmiedet wurden, konnte die Schale einer Nuss knacken, ohne die Frucht zu zertrümmern. Heute wird ihr ein Ehrenplatz in der Stadt und auf deren Wappen zuteil.

Das erste Foto

Joseph Niépce mit Beinamen Nicéphore (1765-1833) wurde in Chalon-sur-Saône geboren und verbrachte dort den Rest seines Lebens. Gemeinsam mit seinem Bruder entwickelte der erfinderische Burgunder den ersten internen Verbrennungsmotor und Pläne für ein Fahrrad. Sein ganz besonderes Interesse aber galt der Heliografie - wörtlich dem Zeichnen mit der Sonne. Diese Technik ermöglicht es, ein Bild mit Hilfe einer Camera Obscura auf unterschiedlichen Trägern festzuhalten. Seine Erfindung der Fotografie wurde auf 1816 bis 1822 datiert, jedoch erst 1829 durch die Unterzeichnung eines Vertrags mit Daguerre publik. Dieser optimierte das Verfahren für die industrielle Nutzung und beanspruchte die Erfindung später gern für sich. Die erste bekannte Landschaftsaufnahme entstand vermutlich am 28. Mai 1816 nach acht Stunden Belichtung. Sie ist heute im Museum von Austin, Texas, zu sehen.

Ein Besuch in dem der Entstehung und Geschichte der Fotografie gewidmeten Museum Nicéphore-Niépce (Chalon-sur-Saône), das seinem früheren Konservator Paul Jay sehr viel zu verdanken hat, ist ebenso ein Muss wie ein Abstecher nach Saint-Loup-de-Varennes in das Maison du Gras, das dank des unermüdlichen Einsatzes von Pierre-Yves Mahé herrlich ausgebaut wurde. Von Juni bis September kann man dort Niépces Labor besichtigen und durch das Fenster schauen, aus dem der geniale Erfinder seine erste Aufnahme machte. ■

Oben

Das Museum Niépce in Châlon-sur-Saône.

ner Kleinstädte wie Imphy, Gueugnon, Bourbon-Lancy, Montbard und Selongey und die durch eine dynamische Agrar- und Pharmaindustrie ermöglichte städtische Entwicklung.

Während die Zahl der Beschäftigten in der Landwirtschaft weiterhin abnimmt, sichert der Weinbau zahlreichen Familien oft über mehrere Generationen hinweg Arbeitsplätze. Daneben behauptet sich die Tierzucht - vom Bresse-Huhn bis hin zum Charolais-Rind - als ein wichtiger Wirtschaftszweig. Der Burgunder Wald schließlich erfreut nicht nur Mensch und Umwelt, er ist auch landesweit einer der größten Lieferanten für Eichen-, Buchen- und Douglasfichtenholz.

Das Burgund ist eine weltoffene Region mit Blick nach Mittel- und Osteuropa, Kontakten zu Rheinland-Pfalz und historisch verankerten Beziehungen zu Belgien und den Niederlanden.

Unzählige Schätze seines Kulturguts wurden einst nach Übersee verkauft und werden heute in New York (Cloisters), Cleveland, Baltimore, Philadelphia und Boston (Harvard) aufbewahrt. Im 19. Jh. konnten insbesondere durch den Einfluss von Viollet-le-Duc und seiner Mitarbeiter zahlreiche Meisterwerke gerettet werden. Mittlerweile ist das Bewusstsein dafür, dass dieses Gemeingut erhalten und zur Geltung gebracht werden muss, ebenso verbreitet wie die Freude und Kunst, in einer Region zu leben, die die europäische Zivilisation entscheidend prägte.

Magny-Cours im Geschwindigkeitsrausch

Im südlichen Nièvre liegt inmitten einer beschaulichen Landschaft mit Charolais-Rindern der F1-Ring Jean-Behra, den die Autorennsportliebhaber Jean Bernigaud und Charles Adoin 1961 in Magny-Cours anlegen ließen. Die Rennstrecke wurde schnell berühmt, später jedoch von der 1972 in Dijon-Prenois für den französischen Grand Prix gebauten Anlage in den Schatten gestellt. Pierre Beregovoy, Premierminister, Abgeordneter und Bürgermeister von Nevers, der sich zum Nachfolger des mit Bernigaud befreundeten Staatspräsidenten François Mitterrand im Département Nièvre berufen fühlte, ließ Magny-Cours im großen Stil mit öffentlichen Mitteln sanieren. Der französische Grand Prix, der hier mehrere Jahre ausgetragen wurde, hat die Bourgogne und schließlich Frankreich verlassen. ■

Der Burgunderwein: von der Natur verwöhnt

Linke Seite
Nach der Lese und bisweilen schon während der Ernte leuchten die Blätter der Weinstöcke (wie hier in Fixin et Fixey im Anbaugebiet Côte de Nuits) in scheinbar allen Tönen der Farbpalette.

Kein anderes Weinbaugebiet der Welt kann von sich behaupten, seit nahezu zwei Jahrtausenden Jahr für Jahr exquisite Qualitätsweine zu produzieren. Mengenmäßig ist der Burgunder im weltweiten Weinmeer zwar nur ein Tropfen, dafür aber ein besonders erlesener.

Oben
Die Weinstöcke von Pouilly-Fuissé am Fuße des Felszipfels Solutré.

Von 380 Flaschen Wein, die weltweit produziert werden, kommt eine aus dem Burgund. Der Wein der Bourgogne hat aber nicht nur in quantitativer Hinsicht Seltenheitswert. Er erfreut sich zudem der „längsten Herrschaft in der Geschichte", bemerkt Weinkenner Raymond Dumay. Die Weinrebe, die vermutlich mehrere Jahrhunderte vor unserer Zeitrechnung von Galliern aus Italien in das Burgund eingeführt wurde, hatte zum Zeitpunkt ihrer ersten offiziellen Beschreibung im 4. Jh. n. Chr. bereits eine lange Geschichte hinter sich. Kein anderes Weinbaugebiet kann sich eines 2.000 Jahre alten ungetrübt guten Rufes rühmen.

Das Erfolgsgeheimnis des Burgunders ist das perfekte Zusammenspiel zwischen „Terroir", sprich Klima, Bodenbeschaffenheit und Rebsorte einerseits und kellertechnischem Know-how andererseits. Sein mit nur 20.000 ha vergleichsweise winziges Anbaugebiet erstreckt sich über die Départements

Yonne (Chablisien, Auxerrois, Weinberge Joigny, Vézelay und Tonnerre), Côte-d'Or (Côte de Nuits, Côte de Beaune, Hautes-Côtes) und Saône-et-Loire (Côte chalonnaise, Maranges, Couchois, Mâconnais). Das im Prinzip zu den Burgunderweinen gehörende Beaujolais nimmt eine Sonderstellung ein, wenngleich ein Teil seines Anbaugebiets ebenfalls im Département Saône-et-Loire (Moulin-à-Vent, Saint-Amour, Fleurie) liegt. Das vor allem für seinen Pouilly-Fumé bekannte Anbaugebiet Nièvre wiederum wird logischerweise dem Loire-Tal zugeordnet. Summa summarum werden jährlich 165 Mio. Flaschen Burgunder - die Hälfte davon für den Export - produziert.

Oben
Das Bild der Burgunder Weinstöcke in engen, geradlinigen Reihen ist relativ jung. In der Tat erfolgte die Anpflanzung der Weinstöcke vor dem Reblausbefall und den Neuanpflanzungen im späten 19. Jh. völlig planlos.

Die „Climats" der Bourgogne

Am 4. Juli 2015 erklärte die UNESCO die „Climats" der Bourgogne zum Weltkulturerbe. Unter dieser typisch burgundischen Bezeichnung sind genau abgegrenzte Weinbauparzellen zu verstehen. Seit dem Mittelalter bilden zwischen Dijon und dem Süden von Beaune an die 1.250 Climats ein in der Welt des Weinanbaus einzigartiges Mosaik, zu dessen bekanntesten Grand Cru-Lagen Chambertin, Montrachet, Clos de Vougeot und Corton-Charlemagne zählen. ■

Das zumeist auf Mischböden aus Kalk, Tonerde und Mergel in unzähligen Abwandlungen angelegte Anbaugebiet des Burgunders befindet sich überwiegend in östlicher bzw. südöstlicher Lage in 200 bis 300 m Höhe und unterteilt sich in unzählige Lagen oder „Climat". Darunter versteht der Burgunder Winzer ein Stück Land mit spezifischen Eigenschaften (Boden, Unterboden, Sonneneinstrahlung, usw.). Jede Lage besitzt seit Jahrhunderten ihren eigenen Namen. Clos de Bèze in Gevrey-Chambertin beispielsweise ist seit dem Jahr 640 bekannt, Clos-Vouheot seit dem frühen 12. Jh.

Unten

Weinlese in den Weinbergen Côtes de Beaune.

Wie man sieht, ist im Burgund der Begriff des Bodens seit jeher dem des Guts übergeordnet. Auch als in den 1930er Jahren die geschützten Bezeichnungen eingeführt wurden und andere Anbaugebiete als Erkennungsmerkmal Guts-, Marken- oder Rebsortennamen wählten, blieb man im Burgund zu Recht der Lagenzuordnung, sprich dem „Terroir" treu. So unüberschaubar dieses System auf den ersten Blick wirken mag, so prägend ist es für den Charakter und die Qualität des hiesigen Weins.

Rebsorten vom Feinsten

Im Burgund gibt es keinen Verschnitt, sprich Mischungen aus unterschiedlichen Rebsorten, sondern ausschließlich reine Sorten. Angebaut werden vornehmlich die zwei mittlerweile weltweit bekannten Sorten Chardonnay (weiß) und Pinot noir (rot) hiesigen Ursprungs. Dazu kommen der im Mâconnais angebaute Gamay noir mit hellem Saft, der bereits Eigenschaften des Beaujolais anklingen lässt, und der Aligoté, ein trockener Weißwein.

Der auf einer Fläche von 8.000 ha in den Lagen Romanée Conti, Chambertin, Clos-Vougeot und Corton angebaute Pinot noir ist die erlesenste und empfindlichste rote Rebsorte; ihr ursprünglich farbloser Saft erhält seine Farbe erst während der Weinerzeugung. Diese Sorte ergibt wunderbar kör-

Fass- und Landmaße

Auch 200 Jahre nach der Französischen Revolution gehen im Burgund die Uhren immer noch anders. Anbauflächen werden hierzulande nie in Hektar, sondern stets in „Ouvrée" angegeben, auch beim Verkauf vor dem Notar. Eine Ouvrée entspricht 4 Ar und 285 Zentiar, 24 Ouvrées sind ungefähr 1 Hektar. Die übergeordnete Einheit „Journal" beinhaltet 8 Ouvrées, also 34 Ar und 284 Zentiar. Heute sind die einst von Dorf zu Dorf unterschiedlichen Maße einheitlich festgelegt, wobei im Mâconnais für 3,96 Ar auch die Einheit „Coupée" gebräuchlich ist. Bei den Fässern ist die andernorts übliche Bezeichnung „Barriques" ungebräuchlich. Eichenfässer heißen hierzulande „Pièces" und haben ein Fassungsvermögen von 228 Litern (Côte d'Or und Côte chalonnaise), was einer runden Zahl von 300 Flaschen entspricht, bzw. 215 Litern im Mâconnais. Daneben gibt es „Feuillettes" mit einem Fassungsvermögen von 114 Litern bzw. 136 Litern im Chablis und 108 Litern im Mâconnais sowie „Quartants", die im Mâconnais 54 Liter und andernorts 57 Liter fassen. Ein Fasskeller wird im Burgund nicht „Chai", sondern „Cuverie" oder „Cuvier" bzw. im Mâconnais und Beaujolais „Cuvage" oder „Tinailler" genannt. ■

Links

Das Winzerschloss von Corton-André in Aloxe-Corton.

perreiche und runde, komplexe und subtile Weine. Der Pinot noir hat zahlreiche Varianten (Beurot, Liébault, usw.) und wie alle anderen Rebsorten unzählige geklonte Nachahmer, die man durch Selektion kontinuierlich zu verbessern versucht.

Der auf einer Fläche von 9.000 ha in den Lagen Montrachet, Chablis, Meursault und Pouilly-Fuissé angebaute Chardonnay, der im Chablis Beaunois heißt, kommt stets als Weißwein und in zahllosen Spielarten daher: mal lieblich, mal trocken, mal streng, mal samtig, aber stets elegant und charakterstark. Sein kräftiger, ergiebiger Rebstock reagiert nur auf Frühjahrsfrost empfindlich.

Der weiße Saft des Gamay noir gibt einen leichten, mundigen und fruchtigen Rotwein. Die widerstandsfähige und ergiebige Sorte wird auf insgesamt 2.500 ha angebaut und gedeiht am besten auf den sauren Böden des Südburgunds und im Beaujolais. Gamay noir und Pinot noir liefern sich seit jeher „Stellungskriege". Der Gamay ist die ertragreichere, leichter zu vermarktende und für den Winzer rentablere Sorte, der Pinot die qualitativ bessere, aber weniger ertragreiche und folglich riskantere Sorte, die vorzugsweise von Abteien und traditionsreichen Erzeugern angebaut wird. Heute ist dieser seit dem Mittelalter andauernde önologische Konkurrenzkampf mit Klassenkampf-Hintergrund weitgehend ausgefochten.

Der Aligoté ist dem Chardonnay, was dem Pinot dem Gamay: ein unkomplizierter, spritzig-lebhafter Weißwein, frisch wie der Frühlingswind. Die auf 1.300 ha Fläche angebaute pflegeleichte Sorte, die sich in Bouzeron (Côte chalonnaise) eine Herkunftsbezeichnung verdiente, gedeiht besonders gut in der Lage Hautes-Côtes.

Im Département Yonne werden bis heute einige alte Rebsorten angebaut: der Melon de Bourgogne (Muscadet de Nantes) in Vézelay, der Sauvigon aus Saint-Bris, der Sacy - alle drei weiß - und der rote César mit einer letzten Bastion in Irancy.

Rechts

Die Weinkeller des Guts Meursault.

Der Charakter eines Jahrgangsweins

Jeder Jahrgangswein hat besondere Eigenschaften, ist mehr oder weniger vollkommen, mehr oder weniger körperreich. Die Unterschiede erklären sich durch Klimaeinflüsse und zahlreiche andere Faktoren und verändern sich bei jedem Jahrgang mit der Zeit. Von wenigen Ausnahmen abgesehen ist der Burgunder kein Primeur, also kein Wein für den Sofortkonsum, sondern ein Wein, der ausgebaut und erst ein oder zwei Jahre nach der Lese abgefüllt wird. Er ist ein lagerfähiger Wein, der sich in den meisten Fällen im Alter von 3 bis 4 Jahren voll entfaltet, mit 10 bis 15 Jahren fantastisch und mit 50 - sprich in den Jahrgängen 1947 oder 1949 - göttlich sein kann. Nicht zuletzt aber ist er ein von Menschenhand geschaffenes Werk. Hier ist das Können des Winzers, der sich bei der Weinerzeugung nicht selten von einem Önologen beraten lässt, von entscheidender Bedeutung. Seinen Wein verkauft er entweder als Erzeugerwein direkt an den Verbraucher oder an einen so genannten Négociant-Eleveur, der ihn weiterverarbeitet und vertreibt. Oder aber er wird von einer der zahlreichen Winzergenossenschaften des Chablis, der Hautes-Côtes und der Saône-et-Loire hergestellt.

Abstieg in den Weinkeller

Ein typisch burgundisches Ritual ist der Abstieg in den Weinkeller zu einer mit fachmännischen Kommentaren untermalten Weinprobe. Der Weinkeller ist ein ausgewählter Ort des Weinguts, wo die Weine des Erzeugers oder Händlers ausgebaut werden. Die Weinprobe selbst ist eine ernsthafte Angelegenheit, bei der das Singen verpönt ist. Der Wein wird dabei in einem Glas oder so genannten Tâtevin gekostet - das Wort kommt von *tâter* (ertasten). Meist arbeitet man sich bei den jungen Weinen von Fass zu Fass vor und entkorkt einige Flaschen reiferen Weins. Auf diese Weise kann man Lagen und Jahrgänge vergleichen und sich so in die Kunst der *Degustation* einführen lassen.

Im Burgund wurden spezielle Begriffe geprägt, um die zahlreichen Varianten von Farbe (Klarheit, Farbton, Schimmer, usw.), Geruch (pflanzliches, blumiges, fruchtiges, mineralisches oder sonstiges Aroma) und Geschmack (Körper, Konzentration, Abgang) möglichst genau und anschaulich zu charakterisieren. Ideal ist ein komplexer Wein.

Weinverkauf im Hospiz von Beaune

Das 1443 von Nicolas Rolin gegründete Krankenhaus von Beaune (Hôtel-dieu) ist Eigentümer einer aus diversen Schenkungen entstandenen bedeutenden Weindomäne, die sich auf mehr als 60 ha über die Anbaugebiete Côte de Beaune, Côte de Nuits und Pouilly-Fuissé erstreckt. Seit 1859 werden die dort angebauten Weine jeweils am dritten Novembersonntag nach der Lese versteigert. Diese weltweit größte Wohltätigkeitsveranstaltung ist für die Fachwelt heute ein maßgebliches Ereignis, bei dem weit über dem Markt liegende Preise erzielt werden. Es ist Teil eines unter dem Namen „Trois Glorieuses" bekannten dreitägigen Programms: Am Vortag der Versteigerung findet das Kapitel der Tastevin-Bruderschaft statt, am Tag danach das „Paulée de Meursault" genannte festliche Weinleseabschlussessen samt Literaturpreis. Im historischen Krankenhaus von Nuits-Saint-Georges findet die Weinversteigerung jeweils im Frühjahr nach der Lese statt.

Ci-dessus :

Der Weinkeller Les Cordeliers de Beaune.

Die strenge Hierarchie der AOC-Weine

Im Burgund, wo die Herkunft des Weins eine wichtigere Rolle spielt als anderswo, sind 110 von 400 und damit mehr als ein Viertel aller AOC-Sorten Frankreichs beheimatet. Eingedenk dessen, dass jeder Wein hier seinen eigenen Namen hat, ist diese Vielfalt nicht weiter verwunderlich.

Die *Grands Crus* – 32 im Anbaugebiet Côte d'Or, einer im Chablis, wo es sieben Lagen gibt - machen 1 % der Produktion aus und bilden die Spitze der Hierarchie. Beispiele sind der Chablis, Grand Cru Grenouille - Clos de Bèze, der Chambertin, der Corton-Charlemagne und der Bâtard-Montrachet.

Die *Premiers Crus* - 11 % der Gesamtproduktion - tragen ein kommunales AOC-Label, wenn ihre Lage entsprechend eingestuft ist, was bei insgesamt 561 Lagen der Fall ist. Beispiele sind der Chablis - Mont de Milieu, der Nuits-Saint-Georges - Les Saint-Georges, der Beaune - Grèves und der Mercurey - Clos du Roi.

Die anderen kommunalen AOC-Label – insgesamt 53 – machen 23 % der Produktion aus und laufen unter dem Namen Villages, wobei der Name der Lage

Oben

Das Gut von Gevrey-Chambertin, der ehemalige „befestige Weinkeller" der Mönche von Cluny.

Unten

Das Winzerschloss Marey-Monge in Pommard.

auf dem Etikett stehen kann. Beispiele sind der Chablis, der Gevrey-Chambertin, der Pommard, der Rully und der Pouilly-Fuissé. Auch der Petit-Chablis ist eine kommunale Herkunftsbezeichnung.

Die Basis der Hierarchie bilden die restlichen 65 % der Produktion, sprich die regionalen Herkunftsbezeichnungen, von denen es heute 22 gibt. Beispiele sind der Bourgogne und der Mâcon.

Macht zusammengefasst drei Stufen: die Grands Crus, die kommunalen Herkunftsbezeichnungen (Villages und Premiers Crus) mit oder ohne Lagenangabe und die irrtümlich manchmal als übergeordnete Klasse bezeichneten regionalen Herkunftsbezeichnungen, bei denen entweder die Rebsorte (Bourgogne aligoté, Bourgogne Passe-tout-grain mit mindestens einem Drittel Pinot- sowie Gamaytrauben), das Herstellungsverfahren oder die geografische Herkunft (Bourgogne Chitry, Bourgogne Hautes-Côtes aus Nuits und Beaune,

Oben

Das Schloss von Savigny-lès-Beaune stellt in seinem Park eine erstaunliche Sammlung alter Flugzeuge aus.

Bruderschaft der Wein liebenden Ritter

Die 1934 gegründete *Confrerie des Chevaliers du Tastevin* ist die älteste der zahlreichen Vereinigungen von Liebhabern guten Weins und Essens und eine typisch burgundische Erfindung.

Zum Zeitpunkt ihrer Gründung verkaufte sich der heimische Wein schlecht, und so beschlossen einige Einwohner von Nuits-Saint-Georges, die Dinge selbst in die Hand zu nehmen, frei nach dem Motto: „Wenn die anderen unseren Wein nicht wollen, dann trinken wir ihn eben selbst mit unseren Freunden!" So gründeten sie eine Bruderschaft samt Taufritual, das ihrem Ansinnen die nötige Würde verleihen sollte. Der Erfolg ließ nicht lange auf sich warten: Die mit einem dreifachen Schulterschlag mit dem Rebstock und dem Spruch „Im Namen von Noah, dem Vater der Rebe, im Namen von Bacchus, dem Gott des Weins und im Namen von St. Vinzenz, dem Schutzheiligen der Winzer" in die Bruderschaft aufgenommenen Mitbrüder mauserten sich zu den besten Botschaftern des Burgunderweins und damit zu den Vorreitern der Public Relations!

Ihre etwa zwanzig Kapitel pro Jahr halten die Tastevin-Brüder - mittlerweile 10.000 an der Zahl mit Niederlassungen in aller Welt - in dem 1944 von der Bruderschaft erworbenen Schloss Clos-Vougeot. Zahlreiche Innovationen sind ihnen zuzuschreiben, darunter die „Tastevinage" genannte anonyme und höchst professionell durchgeführte Weinprobe zur Auswahl der Weine, die „man gern Freunden schenken würde", sowie die reihum in den Weindörfern gefeierte „Tournante" im Namen des Hl. Vinzenz.

In den meisten Weindörfern des Burgunds entstanden ab dem 19. Jh. unter der Schirmherrschaft des Hl. Vinzenz aber meistenteils konfessionsfreie Vereine, die sich gegenseitig Beistand leisten, wenn ein Winzer krankheits- oder unfallbedingt seinen Wein nicht lesen kann. Die Statue des heiligen Beschützers geht Jahr für Jahr in den einzelnen Winzerfamilien reihum - daher der Ausdruck „Tournante". Von dieser Tradition ausgehend gründeten die Tastevin-Brüder 1937 die „Saint-Vincent tournante", das schönste und geselligste Burgunderweinfest, das von den Winzervereinen langfristig geplant und Jahr für Jahr in einem anderen Weindorf am letzten Samstag im Januar austragen wird.

Weitere renommierte Burgunderwein-Bruderschaften sind die *Piliers chablisiens*, die *Trois Ceps*, die *Foudres du Tonnerrois*, die *Veilleurs de Nuits*, die *Cousinerie de Bourgogne* in Savigny-lès-Beaune, die *Bailliage de Pommard*, die *Grumeurs de Santenay*, die *Disciples de la Chanteflûte* in Mercurey und die *Compagnons de Saint-Vincent* im Mâconnais. ■

Der Crémant de Bourgogne

Zu Beginn des 19. Jh. beginnt die Bourgogne, Schaumweine zu produzieren (bereits 1830 widmete Musset dem prickelnden Burgunder-Wein ein Gedicht). Die *Appellation* Crémant de Bourgogne (1975) – weiß und rosé – ist für ihre ausgezeichnete Qualität bekannt. In der Mitte der 2010er Jahre beläuft sich ihre Produktion auf 20 Mio. Flaschen. ■

Oben und unten

Die Presse und das berühmte Burgunder Winzerschloss Clos de Vougeot, in dem, laut Gaston Roupnel, „die Welt auf die Gesundheit Frankreichs anstößt".

Bourgogne Côte chalonnaise) angegeben wird. Einfache Rot-, Weiß- und Roséweine heißen Bourgogne ohne weitere Angabe, wobei in einigen Fällen wie beim Dijon-Chenôve Montre-Cul die Angabe der Lage erlaubt ist.

Schloss Clos de Vougeot

Das aus der Cîteaux-Abtei hervorgegangene Winzerschloss Clos de Vougeot, das sowohl den Weinberg als auch den gleichnamigen Wein bezeichnet, verkörpert das Burgund schlechthin. Seinen Ruf als prestigeträchtigste Feinschmeckeradresse Frankreichs hat es den Tastevin-Brüdern zu verdanken, die hier ihre Kapitel abhalten. Der klotzige aber keineswegs prahlerische, sondern einladende Bau im Stil der burgundischen Renaissance, für den sich bereits der Dichter Rabelais begeisterte, hat einen für die Erzeugung des Weins idealen Kreuzgang und einen für seine Lagerung perfekt

proportionierten Keller. Wie einen geheimnisvollen Schatz hütet das fast bis auf den Boden reichende Dach den Innenhof des Schlosses.

Hameau du Vin (Romanèche-Thorins, Saône-et-Loire)

Das 1993 an einem alten Bahnhof im Süden des Départements Saône-et-Loire an der Grenze zum Beaujolais eingerichtete „Weingehöft" geht auf eine Initiative von Georges Dubœuf, den „Vater" des Beaujolais Nouveau, zurück. Zahl- und lehrreiche Attraktionen wie Modellbauten, Dioramen, kleine Automatentheater, perspektivische Filmprojektionen, alte Poster und Wachsfiguren informieren über Weinbau und Weinerzeugung im Mâconnais und Beaujolais. Ein zoologischer Garten und ein 1961 von René Livet als Touroparc gegründeter Erlebnispark runden das Programm ab.

Imaginarium

Das 2006 auf Initiative des Hauses Louis Bouillot/Jean-Claude Boisset eingerichtete Imaginarium in Nuits-Saint-Georges (Côte-d'Or) bietet spannende Einblicke in die prickelnde Welt des hierzulande Crémant genannten Schaumweins, der ebenfalls Thema einer Ausstellung in den riesigen Gruben von Bailly im Anbaugebiet Auxerrois (Yonne) ist.

Oben und links unten
Das „Weingehöft" von Romanèche-Thorins. Der Burgunderwein reift ein bis zwei Jahre in Eichenfässern heran, bevor er in Flaschen abgefüllt wird.
Unten
Das Cassissium in Nuits-Saint-Georges. (siehe Seite 141).

Anis de l'Abbaye de Flavigny
Véritable Marque des
VENTE ICI

Im Paradies der Gaumenfreuden

Warum das französische „Palais“ nicht nur den Palast, sondern auch den Gaumen bezeichnet, begreift man erst so richtig im Burgund, das mit seinen Farben, Düften und Gewürzen das Land der Gaumenfreuden schlechthin verkörpert.

Linke Seite
Anisbonbons aus Flavigny.

Rechts
Senf aus Dijon.
Foto Didier Benaouda

Schon vor über 200 Jahren brachte Brillat-Savarin die von ihm geschätzte burgundische Gastronomie mit der Bemerkung auf den Punkt, die Burgunder hätten „Seidendärme“. Die Kochkunst steht hier in der Tat hoch im Kurs. So werden Ehrengäste bis heute in der vorbildlichen herzoglichen Küche des Rathauses von Dijon empfangen, wo einst die legendären Bankette der Großherzöge des Burgunds zubereitet wurden. Und Kochbücher werden im Burgund wie wohl behütete Familiengeheimnisse von Generation zu Generation weitergereicht.

Farben, Düfte und Gewürze

Das Burgund hat, wie jedes Land, einen unverwechselbaren „Geschmack“, der seinen Ausdruck in unzähligen Gaumenfreuden findet. Dahinter steht eine regelrechte Esskultur, die die Unterhaltung bei Tisch ebenso zur Kunst erhebt wie den fast andächtigen Verzehr der Speisen und den zurückhaltenden Umgang mit Komplimenten und Kommentaren. Als unschicklich gilt ferner,

Foto Didier Benaouda

unangemeldet am späten Vormittag auf der Bildfläche zu erscheinen. Schließlich wollen die besten Zutaten auf dem Markt ausgesucht und der passende Wein, mit dem der Gastgeber seine Gäste erfreuen möchte, mit Bedacht im Keller ausgewählt werden. Wer das Leben genießen will, muss sich eben die nötige Zeit dafür nehmen!

Das Burgund hat ein unersetzbares Kulturerbe, das ebenso untrennbar mit Boden, Klima, Traditionen, Bräuchen und geschützten Herkunftsbezeichnungen verbunden ist wie mit dem Eifer seiner Landsleute, dieses Erbe zu pflegen. Zu den hiesigen Erzeugnissen zählen neben Wein, Getreide und Gemüse auch Fleisch von Charolais-Rindern und Bresse-Hühnern, rote und schwarze Beerenfrüchte, Kirschen und Käse. Viele dieser geschmacklich unverwechselbaren, hochwertigen Erzeugnisse tragen den Namen ihres Herkunftsortes - Gewürzgurken aus Appoigny, Zwiebeln aus Auxonne, Kirschen aus der Region Auxerrois und schwarze Johannisbeeren von den Hautes-Côtes. Allesamt sind sie das Ergebnis einer über die Jahrhunderte hinweg gepflegten Tradition. Wie beispielsweise das in den Regionen Brionnais, Charolais und Nivernais auf der Weide großgezogene und heute weltweit gezüchtete Spitzenklasserind Charolais, das ausgesprochen saftiges, köstliches Fleisch liefert und mit einer Population von 1.400.000 Stück die Landstriche des Burgunds allenthalben weißgefleckt erscheinen lässt. Auch das Bresse-Huhn - erkennbar an den blauen Füße, den weißen Federn und dem roten Kamm - wird hierzulande bis heute nach traditionell-natürlicher Art, sprich auf der Wiese und mit Körnern, aufgezogen. Kurz: Nur wer einen Bresse-Kapaun in der Bourgogne gekostet hat, weiß, was Leben wie Gott in Frankreich bedeutet.

Burgunder Menü-Auswahl

Auftakt zum traditionellen Burgunder Menü ist der Aperitif mit *Gougères*, einer goldbraun überbackenen, in Portionstöpfchen lauwarm servierten Käsespezialität. Es folgen als Vorspeise zwölf Weinbergschmecken, die nach unzähligen Rezepten zubereitet werden können, Petersilienschinken oder pochierte Eier in Rotweinsauce (Oeufs en meurette). Als Hauptgericht gibt es den in Weißwein gegarten Fischeintopf *Pauchouse* aus dem Saône-Tal mit Karpfen, Schleie und Hecht oder, wenn's lieber Fleisch sein soll, Potée bourguignonne (Rindfleischeintopf), Boeuf bourguignon (geschmortes Rindfleisch), Hasenrücken à la Piron, Weinhefe-Schinken à la Nuitonne, Schinken in Rahm bzw. nach Saupiquet-Art aus Saulieu und Montberdois oder Hähnchen in Rotweinsauce. Beliebt ist auch die Kaldaunenwurst aus Chablis, Clamecy und Mâcon. Nicht minder reichhaltig ist die Burgunder Käseplatte mit Sorten aus den Abteien Cîteaux und La Pierre-qui-Vire, die klösterliche Käsereitradition in Reinkultur veranschaulichen. Dazu gesellen sich in diversen Varianten der Epoisses, zu dem ein Chambertin trefflich passt, der Soumaintrain, der in Asche gewendete Aisy und viele mehr. Von den Ziegenkäsesorten sind besonders der Chèvreton und der Bouton de culotte aus dem Mâconnais zu empfehlen. Bei der Nachspeise hat man die Wahl zwischen Vacherin mit schwarzen Johannisbeeren und Birne Helene. Und zum Schluss gibt es einen Marc oder Fine de Bourgogne genannten Schnaps oder einen Pflaumenobstler.

In der erfinderischen Burgunder Küche werden hochwertige heimische Erzeugnisse mit Spezialitäten wie schwarzem Johannisbeerlikör, Senf und Lebkuchen verfeinert und die herkömmlichen Rezeptsammlungen durch neue kulinarische Kreationen bereichert. ■

Schwarze Johannisbeeren, Senf und Lebkuchen

Einige Burgunder Spezialitäten wie die Anisbonbons aus Flavigny und die Nougatine aus Nevers sind heute weltweit bekannt.

In zahlreichen Bruderschaften wird mal die von dem Dichter Henri Vincenot heiß geliebte Weinbergschnecke, mal die Zwiebel, mal der „Cacou" genannte Clafoutis mit nicht entsteinten Kirschen aus Paray-le-Monial in Ehren gehalten. Alljährlich fachsimpeln die „Generalstände" der französischen Küche auf der internationalen Gastronomiemesse von Dijon. Hier befindet sich auch seit 1997 das von einer nationalen Forschungseinrichtung gegründete Europa-Zentrum für Geschmackswissenschaften, das die im Bereich der Aromastoffe bereits sehr aktive Forschungstätigkeit weiter ausbauen soll.

Weitere Sehenswürdigkeiten

Arnay-le-Duc (Côte-d'Or): Das *Maison des Arts de la table* im ehemaligen Hospiz Saint-Pierre zeigt jedes Jahr eine sehenswerte Ausstellung zu einem kulinarischen Thema.

Auxerre (Yonne): Im *Musée Leblanc-Duvernoy* ist Porzellan zu sehen.

Beaune (Côte-d'Or): Das *Musée de la Moutarde* wurde von dem Senfhersteller Fallot gegründet.

Charolles (Saône-et-Loire): Traditionelles Steingut („Charolles-Blau") und PR-Kampagne für das Charolais-Rind

Dijon: Das Volkskundemuseum *Musée de la Vie bourguignonne*, das von Amora-Maille gegründete Senfmuseum *Musée de la Moutarde*, Markthalle aus dem 19. Jh. und Wochenmarkt (dienstag-, freitag- und samstag- morgens), Internationale Fachmesse für Gastronomie

Glux-en-Glenne (Nièvre): Heidelbeerfest im August

Longchamp (Côte-d'Or): Hochburg der Kochkunst

Louhans (Saône-et-Loire): Großer Geflügelmarkt am Montag

Mâcon (Saône-et-Loire): Nationaler Weinmarkt im Mai

Magny-Cours (Nièvre): PR-Kampagne für Charolais-Rinder

Marcigny (Saône-et-Loire): Puten- und Gänsemarkt am zweiten Montag im Dezember

Moulins-Engilbert (Nièvre): Viehmarkt montags und dienstags

Nevers (Nièvre): *Musée Frédéric-Blandin* mit Porzellan aus Nevers („Nevers-Blau").

Nuits-Saint-Georges (Côte-d'Or): Das von dem renommierten Likörerzeuger Védrenne gegründete Cassissium befasst sich ausschließlich mit der schwarzen Johannisbeere. Die Beerenfrucht, die an den Hautes-Côtes und an der Côte de Nuits besonders gut gedeiht, wird hier auf ebenso anschauliche wie lebendige Art präsentiert und zur Kostprobe gereicht.

Pierre-de-Bresse (Saône-et-Loire): *Ecomusée* (Freilichtmuseum)

Pouilly-sur-Loire (Nièvre): Weinmarkt im August

Reulle-Vergy (Côte-d'Or): *Musée des Arts et Traditions des Hautes-Côtes* (Kunst- und Heimatmuseum)

Romenay (Saône-et-Loire): *Musée du Terroir* (Heimatmuseum) und *Musée de la Volaille* (Geflügelmuseum)

Saint-Christophe-en-Brionnais (Saône-et-Loire): Viehmarkt am Donnerstag morgen.

Saulieu (Côte-d'Or): alljährlich im Frühjahr „Journées gourmandes", Museum, „Journées du charolais" im August

Tournus (Saône-et-Loire): *Musée Perrin-de-Puycousin* (Handwerk und Tradition in den Regionen Tournugeois, Mâconnais und Bresse)

Verdun-sur-le-Doubs (Saône-et-Loire): *Maison du Blé et du Pain* (Ausstellungen zum Thema Getreide und Brot) ■

Vom Ursprung des Kirs

Mit dem Kir oder Kir royal, der als Aperitif heute auf keiner Speisekarte fehlt, hat es eine ganz besondere Bewandtnis. Domherr Félix Kir (1876-1968), der im Alter von 69 Jahren zum Bürgermeister von Dijon gewählt wurde und dieses Amt 23 Jahre lang bekleiden sollte, pflegte seine Gäste mit einer süffigen Mixtur aus einem Drittel Johannisbeerlikör und zwei Dritteln trockenem, spritzigem Weißwein der Sorte Aligoté zu erfreuen. So gut die beiden geschmacklich gegensätzlichen Erzeugnisse der Hautes-Côtes miteinander harmonieren, so passend war der kurze Nachname des Domherrn als Bezeichnung für ein Getränk, das es vermutlich schon lange vor ihm gab. Womit Félix Kir also streng genommen nicht dessen Erfinder, wohl aber dessen Namensgeber ist. Bei der königlichen Variante Kir royal wird der Weißwein durch prickelnden Crémant de Bourgogne ersetzt. ■

Inhalt

Herausgeber: Jérôme Le Bihan
Editorische Bearbeitung: Isabelle Rousseau
Grafische Gestaltung: Grafikstudio des Verlags Éditions Ouest-France
Kartografie: Patrick Mérienne
Fotogravüre: Nord Compo, Villeneuve d'Ascq (59)
Druck: PPO Graphic, Palaiseau (91)

ISBN 978-2-7373-7083-0
Gesetzliche Hinterlegung: März 2016
Herausgeber-Nr.: 8177.03.0,4.02.19

Printed in France
www.editionsouestfrance.fr